DU

MINISTÈRE VILLÈLE

ET DE SES ŒUVRES.

LE NORMANT FILS, IMPRIMEUR DU ROI,
rue de Seine, n° 8. — F s. G.

DU

MINISTÈRE VILLÈLE

ET

DE SES OEUVRES.

PAR M. SARRAN.

PARIS.

N. PICHARD, LIBRAIRE, QUAI CONTI, N° 5.

1825.

DU

MINISTÈRE VILLÈLE

ET DE SES ŒUVRES.

CHAPITRE PREMIER.

De la situation actuelle de la France.

Dans un journal qui appartient en partie à
l'homme de M. le ministre de l'intérieur, en
partie à l'homme de l'amortisseur caché, mais
bien connu, de l'esprit public, qui lui-même
est l'agent de M. le président du conseil, on
lisoit tout récemment de singuliers aveux de
nos misères présentes, et des difficultés qu'é-
prouve le ministère dans l'étrange position où
il s'est placé.

Nous sommes parfaitement d'accord sur ce

fait avec l'écrivain du journal ministériel; mais nous différons essentiellement sur les conséquences qu'on doit en tirer, et cela se conçoit : le journal ministériel, qui, dans le but évident de ménager les ministres, a cru pouvoir se dispenser de se rendre compte de la situation présente des affaires publiques qu'il plaçoit sous les yeux de ses lecteurs, pouvoit difficilement arriver au même résultat que nous ; il devoit même en définitive n'arriver à aucun résultat. Pour nous qui regardons les choses comme tout, et les personnes comme rien, en ce qui touche le bien public, plus consciencieux, et par conséquent plus habiles que nos adversaires, après avoir signalé le mal, nous en dirons les causes, nous en dénoncerons les auteurs ; seuls moyens raisonnables de trouver le remède qui doit le guérir.

« Au début des deux restaurations, s'écrie
» M. le comte de Montlosier (*Drapeau Blanc*
» du 2 octobre), nous avions pour nous dé-
» fendre contre le désordre, les phalanges
» royalistes et religieuses. Aujourd'hui, si le
» désordre sort de ces phalanges même, que
» nous restera-t-il? Une pensée encore plus
» douloureuse, c'est que dans ces phalanges

» *les écarts* émanent, non de leurs parties
» médiocres et obscures, mais au contraire *de*
» *ce qu'elles ont de plus éclatant. Le mal* du
» corps social ne se trouve plus comme au-
» trefois dans ses parties ignobles, mais au
» contraire dans ce qu'il a *de plus élevé.*
» Faut-il le dire ? *L'erreur* se défend avec
» l'autorité de *la vertu ;* et c'est dans les rangs
» même de la *fidélité* qu'on craint de trouver
» du *penchant à la révolte.* Sous d'autres rap-
» ports , notre situation est encore empirée.
» Nous avons eu pendant long-temps des mi-
» nistères qui n'ont point obtenu nos suf-
» frages. Avec ces ministères toutefois, nous
» avions l'ordre intérieur et extérieur dans
» l'administration. Cette ressource est au mo-
» ment de nous échapper. La partie matérielle
» du gouvernement n'est pas moins menacée
» aujourd'hui que sa partie morale. Je n'ai
» point à traiter ici de la fameuse opération
» de la réduction des rentes...... Avec un mou-
» vement d'irritation, que je vois de plus en
» plus s'animer, si le ministère présente à la
» prochaine session une loi défectueuse, il
» ne m'est pas difficile de prévoir qu'elle sera
» repoussée ; s'il présente une loi parfaite, je
» ne suis pas sûr qu'elle soit admise. C'est un

» fait que tout se réunit pour l'attaquer. De
» tous côtés des masses diverses s'ébranlent
» au moment de la crise...... Dans d'autres cir-
» constances, un ministère auroit le choix, ou
» de s'attacher à un des partis, ou à le com-
» battre. Aujourd'hui sa position est tellement
» engagée, qu'il ne peut faire avec eux ni la
» paix ni la guerre, etc. »

On remarque avec quelque surprise ce bizarre
assemblage d'idées qui se repoussent, telles
que « les écarts de ce que les phalanges royalistes et religieuses ont de plus éclatant, de ce
que le corps social a de plus élevé ; l'autorité de
la vertu qui ne sert qu'à défendre l'erreur ; enfin la fidélité, avec son penchant à la révolte. »

Lorsqu'on place soi-même, d'une part « ce
que les phalanges royalistes ou religieuses
ont de plus éclatant, ce que le corps social a
de plus élevé, avec la vertu et la fidélité, » et
de l'autre, en opposition, « un ministère avec
lequel nous sommes au moment de perdre
l'ordre intérieur et extérieur de l'administration, dont la position est tellement engagée,
qu'il ne peut faire avec aucun parti ni la paix
ni la guerre, » ne seroit-il pas plus naturel
de voir du côté d'un ministère représenté sous

de telles couleurs, les écarts, l'erreur, et même
la révolte, et du côté de ses éclatans et de ses
vertueux adversaires, les saines doctrines ou-
tragées, la vérité méconnue et une opposition
consciencieuse, dont on voudroit seulement
dénaturer le caractère? Les écarts et l'erreur
peuvent fort bien se trouver le partage d'un
pouvoir responsable, et par conséquent fau-
tif, qui, au dire même de son spirituel apologiste, de qui nous aimons à tenir ces ren-
seignemens, seroit bien évidemment en état
de révolte et de conspiration flagrante contre
l'ordre public, puisqu'il isoleroit le trône de
ses appuis naturels, qu'il le priveroit, mé-
chamment et dans un intérêt illicite sans
doute, du secours des doctrines qui lui sont
propres, et des hommes qui sont liés à ses des-
tins par droit de fidélité, pour le livrer ainsi
sans défense aux chances aventureuses de nouvelles révolutions.

Toujours résulte-t-il de la déclaration de
M. de Montlosier, *entérinée* et même *sanc-
tionnée*¹ dans le *Drapeau Blanc*, journal pro-

---

¹ *Le Drapeau Blanc* a accompagné les divers articles de M. de
Montlosier, de notes dans lesquelles il n'ose point révoquer en
doute le triste état de situation que présente le premier de ces
articles.

bablement ministériel, puisqu'il est la propriété du ministère, « que nous sommes dans
une situation déplorable ; que les royalistes,
avec la victoire, avec un ministère complètement royaliste, pourroient bien n'avoir re-
cueilli que les fruits de la défaite, et qu'il
pourroit se faire que tous les maux que leur
préparoient les vaincus, leur fussent apportés
aujourd'hui par les vainqueurs[1]. »

Et en effet, lorsque le ministère actuel a
pris en ses mains les rênes de l'autorité publique, nous avions, comme le disent M. de
Montlosier et *le Drapeau Blanc*, « l'ordre
intérieur et extérieur dans l'administration ; »
ils auroient pu ajouter : Nous avions un crédit bien assis, et le germe de toutes les prospérités matérielles qui peuvent éclore sur le
sein fécond de la belle France.

Sous le rapport des choses de fait, tout alloit
à peu près bien, et le temps avoit plus à faire
désormais à cet égard que la sagesse ministérielle. C'étoit seulement sous le rapport des
choses de droit que l'inquiétude publique
s'étoit manifestée à l'égard d'un ministère qui,
par sa conduite peu rassurante pour les doc-

[1] *Drapeau Blanc* du 2 octobre.

trines de la légitimité, s'étoit donné des amis
incommodes et de redoutables adversaires.
Docile continuateur de la politique sotte et
déloyale qui, immédiatement après la terrible
leçon des cent-jours, avoit introduit dans les
conseils de Louis XVIII un des assassins publics de Louis XVI , cet ancien ministère n'a-
voit pas assez reconnu que la meilleure partie
du bien qui s'étoit fait sous son administration, étoit due à la présence vivifiante du pouvoir légitime, dont le caractère est de porter
dans les Etats soumis à son heureuse influence
tous les biens qui doivent naître d'une action
régulière et perpétuelle. Le système ministériel, sous le point de vue le plus éminent de
la politique, s'étoit mis en contradiction permanente avec le principe même du gouvernement, que l'ancien ministère auroit dû défendre de tout son pouvoir, bien loin de
l'attaquer, et parce que tel étoit son devoir,
et parce que de ce principe créateur et conservateur du bien public, découloient dans la
réalité et ce que le présent offroit de biens et
les espérances de l'avenir.

Dès lors on vit un spectacle étrange qui, au
moment où nous écrivons ces lignes, et sous
le ministère de M. de Villèle, commence à se

reproduire ostensiblement : on vit les ennemis du gouvernement s'offrir comme les appuis, comme les alliés, quelquefois comme
les salariés du ministère qui leur promettoit.
la chute du gouvernement et le triomphe de
leurs doctrines, et ce même ministère aux
prises avec les amis du gouvernement dont
l'existence étoit si hautement menacée.

Cet état violent ne pouvoit durer. Il falloit
que le gouvernement pérît, que le pouvoir légitime succombât sous les coups de la révolution, si scandaleusement autorisée par toute
l'assistance de l'administration publique, ou
que le ministère disparût devant les efforts
généreux des amis du trône. Le gouvernement
l'emporta sur le ministère ; la révolution re-
cula devant la vigueur du principe monarchique.
Désavoués, repoussés, persécutés par l'autorité
même qui devoit leur prêter son appui, ou du
moins accepter le leur, les royalistes, forts
de la bonté de leur cause, de la puissance de
leur fidélité, et de la vie qui se trouve dans
leurs doctrines, triomphèrent, à la grande
stupéfaction de leurs ennemis ; et le ministère
actuel, en apparence sorti de nos rangs, fut
chargé des destinées de la France.

La conduite du nouveau ministère étoit facile. Conserver le bien qui avoit eu lieu dans l'administration, et surtout dans les finances de l'Etat; condamner à l'abandon et au mépris la politique imprudente et perfide qui avoit fait craindre pour l'existence du pouvoir légitime et pour le maintien des libertés légales : tels étoient ses devoirs. Comment les a-t-il remplis? L'effrayant tableau de notre situation politique, tracé par M. de Montlosier dans un journal du ministère, pourroit au besoin servir de réponse. Nous ajouterons à ce tableau quelques traits nécessaires pour en expliquer clairement le sujet; ce dont l'écrivain du journal ministériel a cru pouvoir se dispenser, dans un intérêt que personne n'a pu méconnoître.

Et que M. de Montlosier se rassure : dans la tâche douloureuse que nous nous sommes imposée, nous ne serons pas obligés, comme il feint charitablement de le craindre, d'en venir à reprocher à M. de Villèle « la dernière sécheresse, et l'incendie qui demain peut-être brûlera la maison du voisin[1]. » Ce ministre n'a malheureusement que trop pourvu à ne pas laisser manquer de matériaux ceux qui se

[1] *Drapeau Blanc* du 5 octobre.

portent solennellement pour les accusateurs des actes de son administration. La France entière, dont ils ne font que redire les plaintes, trouve qu'il y a même trop pour cela des maux qu'elle en a déjà reçus;

« *Elle n'a* pas besoin de lui chercher des crimes¹!! »

Infidèle à ses devoirs, le ministère actuel semble ne s'être servi du manteau d'honneur du royalisme dont il étoit couvert, que pour travailler avec plus d'autorité à la destruction de l'esprit monarchique, au bouleversement des institutions royales, et mieux renverser toutes les bases des prospérités publiques. Sous l'ancien ministère, ainsi que nous l'avons déjà fait remarquer après M. de Montlosier, il avoit été fait, dans le matériel des affaires, quelque bien, que le ministère actuel a dévoré; et le tort qu'avoit reçu le principe même du gouvernement, bien loin d'être religieusement réparé par ses soins, comme on avoit lieu de s'y attendre, a été aggravé au contraire dans des proportions hors de toute mesure. Le mal en tout n'a fait qu'empirer.

On avoit semé et soigneusement maintenu la division entre les partis; mais du moins

les royalistes se tenoient-ils serrés pour la défense du trône et des libertés publiques : on a
introduit cette division dans les rangs mêmes
des royalistes, dont la déclaration de M..de
Montlosier et du *Drapeau Blanc* nous repré-
sente la partie la plus notable comme anti-mi-
nistérielle. Le ministère s'est fait ainsi le complice de la révolution ; car, dans quelque but
qu'une division des royalistes ait été entreprise, c'est toujours en définitive à la révolution qu'elle profite.

On faisoit encore un peu de monarchie sous
des formes presque démocratiques : aujour-
d'hui, sous des formes monarchiques, on
fait de la démocratie toute pure ; on combat
diplomatiquement contre le principe de la
légitimité en Espagne, et on légitime l'usurpation née de l'assassinat et du vol dans cette
île de Saint-Domingue, dont M. Decazes,
au plus haut degré de sa puissance, n'eût pas
même osé rêver l'anti-sociale émancipation.

On toléroit le régicide, on accueilloit le
félon : aujourd'hui on les honore. Au sein de
cette Convention d'exécrable mémoire qui as-
sassina le Juste couronné, un homme déclare
sur son honneur que Louis Capet est coupable ;
vingt-deux ans après, pendant les cent-jours,

il va, lui cinquième, demander pour la France,
à l'Europe armée, un Roi quelconque, pourvu
qu'il ne soit pas du sang de ce roi qu'il a osé
condamner : et bien, cet homme, criminel et
relaps, est décoré du cordon de la Légion
d'Honneur à l'occasion mémorable du sacre
du frère de Louis XVI et de Louis XVIII.
Cet homme, par des services tout récens rendus à l'Etat, avoit-il mérité de voir effacer les
souvenirs de ses fautes ; s'étoit-il rendu digne
de cette haute récompense dont s'enorgueil-
liroit à juste titre celui qui fut toujours fidèle
et dévoué? Cet homme a, dit-on, voté pour
les ministres. Le général Canuel n'avoit fait
que sauver la monarchie à Lyon ; pourquoi
l'auroit-on revêtu de cette marque insigne de
la faveur royale? Cependant un tribunal cor-
rectionnel, une Cour royale et la Cour de cassation, viennent de rendre et de confirmer un
arrêt qui condamne un imprimeur à la prison
et à l'amende, pour avoir laissé publier dans
son journal que le régicide Cochon s'étoit toujours montré digne de l'estime publique; nous
demandons quelle peine a dû encourir un ministère qui fait bien plus que de louer, qui
couvre d'honneur de tels sentimens ; n'a-t-il
pas, comme le journal du libraire, qui peut-

être n'est point personnellement coupable,
outragé sciemment la morale publique, et attaqué avec connoissance de cause l'inviolabilité de la personne du monarque?

On montroit encore nos princes au peuple,
lorsque l'on croyoit devoir remonter un peu
les ressorts relâchés de l'esprit public : aujourd'hui on lui montre nos ministres; et un
obscur officier de Joseph Buonaparte, devenu
secrétaire d'Etat du roi de France, s'en va pro-
menant dans nos garnisons le faste stérile de
sa représentation ministérielle, devant des
troupes qui se seroient mieux accommodées
de la présence du héros royal qui naguère les
menoit à la victoire. Depuis que notre brave
armée a reçu le baptême de sang du royalisme, on diroit que le ministère la redoute :
du moins semble-t-il la traiter en ennemie.
On n'a pas malheureusement remarqué avec
assez d'indifférence dans l'armée, que tandis
que les rubans et les croix ont été complaisam-
ment distribués à nos financiers, sans doute
pour les récompenser du profit qu'ils ont re-
tiré à remplir tout doucement des places lu-
cratives, bien peu de ces signes d'honneur sont
venus consoler des rigueurs de la fortune les
Français noblement armés pour le trône et

pour la France. Dans un siècle où l'on veut
que l'argent soit tout, c'est du moins se montrer conséquent que d'adresser aux richesses
les récompenses qui sembloient réservées à la
gloire. Un point de l'administration militaire
suffira pour faire juger du reste : Les officiers
de l'armée de la Loire qui avoient un peu plus
de dix-neuf ans de service reçurent en 1815
le maximum de leur retraite, que réclament
vainement aujourd'hui, sans doute en punition de dix ans de plus de loyaux services,
les officiers ayant alors le même temps et les
mêmes droits, et que la sûreté de leurs opinions avoit engagé à conserver sous les armes
pour la garde du trône et la défense du pays.
Triste encouragement pour la fidélité!

On destituoit pour le compte d'un parti :
on destitue au profit de l'arbitraire ministériel. Le royaliste a presque droit aux mêmes
faveurs que celui qui ne l'est pas, pourvu
qu'il consente à faire abnégation entière de
ses souvenirs et de ses affections.

On organisoit tout doucement le despotisme ministériel au nom de la couronne qu'on
feignoit au moins de respecter : aujourd'hui
on compte la royauté pour rien, et l'on a tant
fait en usurpation flagrante du ministérialisme

sur le royalisme , on a si bien caché le trône
et montré le ministère dans tout ce qui est de
puissance, et même de représentation , qu'on
en est venu à réclamer au profit du pouvoir
ministériel, l'annihilation, presque la mise
en accusation du trône : nous voyons en effet
un écrivain, ennemi déclaré des libertés publiques, proclamer à la fois la nécessité de la
souveraineté du ministère [1] et la doctrine sacrilége des *fautes du Roi.* [2]

On attaquoit sourdement les institutions
de la patrie ; on minoit avec adresse les fon-
demens sacrés sur lesquels reposent le trône
et les institutions qui en émanent : aujour-
d'hui on tente de les renverser de haute lutte,
et l'audace des usurpateurs ministériels ne connoît plus de frein. Voyez leurs écrits, et jugez
leurs actes. Nous attendions du ministère actuel nos institutions telles qu'elles doivent être
pour constituer à jamais les prospérités de la
France ; il nous a donné des conseillers d'État,
des maîtres des requêtes, voire même des au-
diteurs renouvelés de l'empire , le tout organisé et parfaitement discipliné, pour centraliser

---

[1] *Des Crimes de la presse*, etc. , pag. 140.

[2] *Ibid.*, pag. 160.

la France dans l'administration, et toute l'administration dans le cabinet d'un ministre.

On étoit quelquefois injuste, et on vouloit
trop souvent se rendre arbitraire : aujour-
d'hui, on fait mieux, on attaque la justice
jusques dans son sanctuaire ; ses décisions sou-
veraines ne sont plus même respectées ; l'indépendance des tribunaux est solemnellement
admonétée par ordonnance, et punie par
voie de destitution.

On toléroit les jeux de hasard sur le tapis
vert et les infâmes revenus qui en proviennent : aujourd'hui toute la politique ministérielle semble concentrée dans le jeu et le pari ;
et l'on joue à la Bourse les destinées de l'État,
comme dans les sinistres repaires privilégiés
par le budget on continue à jouer la paix des
familles.

Notre crédit public solidement établi, ne
demandoit qu'à être abandonné au cours naturel que lui avoient tracé des règles sûres
et les richesses impérissables de la France : le
crédit public a été torturé sans motif; et le
but que de pitoyables opérations d'agiotage
peuvent obtenir, ne sera qu'en partie dangereux, s'il n'atteint qu'une notable dégradation
dans nos finances.

On servoit peu les besoins commerciaux
de l'agriculture : on insulte à ces mêmes besoins ; si l'agriculteur se plaint du peu d'é-
coulement offert à nos produits territoriaux,
le même homme qui dans l'opposition royaliste réclamoit sous l'ancien ministère un
utile débouché pour la précieuse surabon-
dance de ces produits , aujourd'hui qu'il est
ministre , n'a plus que des réponses cruelle-
ment dérisoires pour d'aussi justes plaintes.
Notre système de douanes tue les produits de
notre sol , ceux de notre industrie n'en souf-
frent guères moins ; mais nous n'avons pas
l'ombre de la moindre querelle avec la Russie ,
l'Angleterre nous laisse en paix. et c'est là
l'essentiel pour des ministres qui se sont fait
de l'état de paix une nécessité , et de notre
nullité politique une condition inévitable de
leur système agioteur.

On avoit corrompu quelques hommes ; mais
ceux qui s'étoient laissé séduire , conservoient
au moins l'apparent honneur de défendre leurs
opinions : on a voulu corrompre la nation
entière ; et les trop nombreuses consciences
qui sont tombées sous les coups de la séduc-
tion ministérielle , n'en ont pas été quittes
pour s'être vendues ; il a fallu que ceux qui

avoient fait ainsi marché de leur être, publiassent en quelque sorte leur foiblesse, en se montrant au jour et à la minute les complices empressés de toutes les contradictions, les plus frappantes, qui viennent successivement attester et l'ignorante légèreté de leurs auteurs et les complaisances effrontées de leurs flexibles apologistes. La corruption n'étoit du moins considérée que comme un moyen ; on a diroit aujourd'hui le but de la politique. On corrompoit : on démoralise. ...

A la place de cette opinion qu'on voudroit étouffer parce qu'elle écrase, on essaie de créer une opinion factice, à l'appui de laquelle sont appelés et le mensonge proclamé par les ministres eux-mêmes à la tribune, et la calomnie distillée à tant la page dans les nombreux écrits soumis à leur influence.

On prend l'indifférence politique, le pire des maux dans un Etat, pour l'assentiment public ; et le silence que l'on a soi-même acheté, pour de l'approbation.

La liberté de la presse, ce puissant auxiliaire de la vérité, ce compagnon fidèle du droit, a été entravée dans de nouveaux liens, au profit de l'usurpation ministérielle. Les ministres savent du moins que toute usurpation s'évanouit au bruit de la vérité, et qu'elle a besoin du silence pour vivre. Roberspierre et l'empire ont transmis à cet égard une tradition qui a été fidèlement conservée. La presse n'est pas libre..... Mais la pensée agit souverainement dans l'asile impénétrable qui lui fut assigné par Dieu même ; excepté pour les ministres qui n'y voient point, et pour leurs flatteurs qui ferment les yeux à la lumière , la désapprobation publique est un fait constant, et une sombre inquiétude , précurseur des tempêtes politiques, dévore les esprits.

Voilà à peu près le mal , pour l'intérieur.

A l'extérieur, nous voyons une guerre dispendieusement entreprise pour le triomphe des pouvoirs légitimes , péniblement tournée au profit de la révolte ; nos colonies sacrifiées à la doctrine sanglante du vol et de l'assassinat ; partout les justes espérances de notre diplomatie, humblement abaissées devant la politique envahissante de l'Angleterre ; et la gloire rajeunie de nos armes de terre et de mer , ne servant qu'à faire ressortir avec un plus douloureux éclat, la déplorable docilité avec laquelle nous délaissons les principes

propres à notre gouvernement et l'utile considération due à notre politique.

Enfin, au dehors, dépendante et blessée
dans sa dignité et dans ses intérêts les plus
essentiels ; au dedans, torturée dans son crédit, accablée des charges d'une administration
toute personnelle, négligée dans son agriculture, dédaignée dans son industrie, froissée
dans sa morale publique, attaquée dans les
institutions qu'elle a, délaissée dans les besoins qu'elle éprouve de celles qui lui manquent, dégradée dans les principes qui constituent sa politique, soustraite à l'influence permanente et régulière du trône et des lois,
abandonnée à l'action capricieuse et violente
du ministérialisme, menacée dans l'essence
même de son gouvernement, exposée à toutes
les tentatives d'usurpation qu'encourage cet
état de confusion et de foiblesse, tristement
divisée dans la partie la plus notable de ses
citoyens, en défiance vis-à-vis les directeurs
de ses destinées, tracassée dans le présent,
inquiète dans son avenir : voilà l'état au vrai
de la France telle que l'a faite le ministère.

Et ce qu'il y a de plus douloureux dans ce
bouleversement de toutes les prospérités de
la France, c'est que le mal, plus effroyable

que par le passé, vient précisément aujour-
d'hui du côté d'où l'on croyoit ne devoir attendre que le bien.

Sous l'ancien ministère, si la monarchie
étoit mise en péril, si la liberté étoit opprimée, on savoit que telle devoit être l'œuvre
d'hommes connus par une conduite et par des
principes tout dévoués à l'esprit d'usurpation
et de despotisme. C'étoit sans doute une très-
grande calamité pour la France, de voir ses
destinées confiées en de telles mains ; mais si
les royalistes pouvoient reconnoître des ennemis dans les ministres de leur Roi, du moins
ils n'y comptoient pas de traîtres. La guerre
étoit bonne, parce qu'elle étoit franche ; et les
serviteurs du Roi devenus un parti persécuté
par les dépositaires de l'autorité royale, sachant bien à qui ils avoient affaire, restoient
unis et forts devant des adversaires si franchement reconnus pour tels, qu'aucune défection
en leur faveur n'étoit décemment possible.

Sous le ministère actuel, que dès l'origine
l'on a pu en quelque sorte regarder comme
royaliste, et que certaines gens appellent encore de ce nom, parce que ses membres, et
notamment ses chefs, avant d'être ministres,
se faisoient remarquer dans les rangs royalis-

les ; sous le ministère actuel , toutefois continuateur du système de déception établi , les
calamités publiques ont dû aller en augmentant , parce que la cautèle est venue s'unir au
pouvoir pour les produire , parce que le mal
s'est fait avec l'autorité trompeuse d'une apparence de vertu et par l'opération astucieuse
et cruelle de ceux-là qui avoient sacrifié dans
leurs cœurs et les anciennes doctrines et les
vieux amis, dont ils auroient pu s'aider pour
faire le bien. Entre M. Decazes qui n'étoit pas
de la religion politique de la monarchie et de
la liberté , et M. de Villèle , sorti des rangs
où l'on défend à la fois la royauté et les libertés publiques , il y a tout juste la différence
qui existe entre un infidèle et un renégat ; et
l'on sait que les renégats , plus coupables ,
sont aussi plus dangereux que les infidèles.

Ce renversement de l'ordre naturel des
choses a produit une confusion telle , que le
nouveau défenseur du ministère , déjà cité ,
M. de Montlosier , s'est cru autorisé à nous
dire que nous avions « un ministère complètement royaliste , tel que nous l'avions dé-
siré¹. »

¹ *Drapeau Blanc* du 2 octobre.

Sans doute les ministres actuels furent royalistes, ils le sont même encore, si l'on veut
en croire leurs protestations confidentielles ;
et c'est là le plus grand danger, puisque le
le ministère qu'ils constituent est loin d'être
royaliste, et que ses œuvres sont toutes révolutionnaires, c'est-à-dire, toutes subversives
de la monarchie et des libertés légales. Le mal
se propage ainsi sous le masque de la vertu,
et devient plus redoutable, parce qu'on l'a
fait en quelque sorte sacré. C'est l'hypocrisie
politique avec toutes ses funestes conséquences.

CHAPITRE II.

Causes déterminantes de la conduite ministérielle

COMMENT se fait-il cependant qu'un ministère composé d'hommes que nous avons vus
défendre la monarchie et les libertés légales,
ait produit l'état de choses que nous venons
de décrire, et où l'on remarque surtout l'esprit monarchique méconnu et les institutions
royales attaquées? La réponse à cette importante question sera facile pour quiconque voudra soumettre franchement à une investiga-
tion consciencieuse, et les circonstances dans
lesquelles le ministère a pris naissance, et les
divers actes auxquels il s'est successivement
livré.

La veille de la chute de l'ancien ministère,
les membres, et notamment les chefs du ministère actuel votoient avec lui. Alliés secrets
de l'ancien ministère depuis le mois d'octobre

1819, ses complices astucieux dans la Chambre des Députés, dès le mois de décembre de la même année, lorsqu'ils faisoient accorder à M. Decazes les six douzièmes provisoires sans lesquels ce ministre seroit tombé avant l'assassinat du duc de Berry, MM. de Villèle et Corbière étoient devenus depuis les coopérateurs caudataires de ce ministère, tout décazien, bien que son chef nominal ne le dirigeât plus ostensiblement. Ils faisoient cause commune avec lui, lorsque l'éloquence patriotique de M. Delalot, excitant une généreuse indignation dans la Chambre, fit brusquement disparoître du pouvoir des hommes qui ne laissèrent point de souvenirs après leur chute, parce que leur puissance ne reposoit que sur quelques considérations particulières sans crédit dans la nation. Le lendemain, MM. de Villèle et Corbière, adversaires passionnés de l'adresse qui avoit tué leurs amis, furent ministres : les ministres changèrent encore de nom; mais le ministère resta le même.

Toutefois les personnes qui avoient le plus soigneusement remarqué cette circonstance fort grave des liaisons politiques qui depuis long-temps unissoient à l'ancien ministère les chefs du ministère actuel, avoient pensé,

qu'ayant à choisir entre ses derniers et ses anciens amis, **M.** de Villèle, maître du pouvoir,
auroit le bon esprit de se ranger loyalement
du parti de ceux-ci, et qu'il réaliseroit comme
ministre, les nobles espérances qu'il avoit ma-
nifestées comme un des chefs de l'opposition.
Il n'en fut pas ainsi.

Tout en protestant de son affection pour
d'anciens amis dont il sentoit qu'il avoit encore besoin, et de son dévouement à des principes dont la commune défense avoit été la
cause première de sa fortune, **M.** de Villèle
se montra, dans tous les actes de son ministère, le fidèle exécuteur testamentaire de
M. Decazes et de **M.** Pasquier.

En recherchant quelle pouvoit être la cause
plus spéciale de cette défection réelle de celui
qui fut leur ouvrage, et qui sembloit ne devoir s'appuyer que sur eux, et ne pouvoir se
soutenir que par leurs doctrines, les royalistes
consciencieux ne tardèrent pas à reconnoître
toute la vérité.

M. de Villèle s'étoit mieux jugé que ne l'a-
voient fait ses trop confians admirateurs. Les
succès faciles qu'il avoit obtenus à la tribune
en faisant de l'opposition plutôt contre les
personnes que sur les choses, dans des cir-

constances toutes neuves, et si favorables à l'esprit d'opposition, n'eurent pas du moins le
pouvoir de l'éblouir lui-même au point de lui
faire méconnoître son infériorité réelle dans
les choses positives et d'exécution. Ce sentiment de sa foiblesse intellectuelle, après en
avoir fait l'allié de M. Decazes et le collègue
de M. Pasquier, a dû nécessairement l'entraî-
ner, plus tard et à l'avènement d'un ministère
qu'il avoit à diriger, vers un système qui, depuis qu'il existe des ambitieux sans capacité,
fut toujours leur partage, et l'instrument au
moyen duquel ils se sont crus assez forts pour
dominer les Etats.

« Ce système, avons-nous dit ailleurs [1], et
» nous ne pouvons que rappeler ici les mêmes
» observations dans les mêmes termes; ce sys-
» tème, qui consiste à mettre les partis en
» présence, afin d'établir sur leurs divisions
» un pouvoir arbitraire, n'est pas nouveau
» dans l'histoire de la politique. La France en
» a été affligée bien avant notre désastreuse
» révolution, qui, en le recueillant dans le

[1] *Appel d'intérêt public au Gouvernement contre le Ministère*, pages 64 et 65

» monstrueux assemblage de ses lâchetés et de
» ses crimes, n'a fait que l'emprunter à d'au-
» tres temps. Il appartient aux têtes foibles,
» aux cœurs étroits d'en faire la base de leur
» politique. On peut avoir beaucoup d'esprit
» comme particulier, et n'avoir pas le génie
» d'une personne d'Etat. Dès lors, au lieu de
» s'occuper de l'intérêt général qui réclame
» des devoirs austères, et n'offre pour récom-
» pense que la gloire d'avoir bien fait, on ré-
» duit toute la politique d'un Etat aux combi-
» naisons de l'intérêt personnel : combinaisons
» mesquines, que l'on juge assez fortes (parce
» qu'on les trouve très-fines) pour conquérir
» à jamais le despotisme, et qui présentent
» comme un dédommagement éventuel de la
» perte du pouvoir, la certitude d'amasser de
» grands biens à l'ombre de la puissance abso-
» lue qu'on s'est arrogée..... Pauvres gens,
» qui s'imaginent que quelque chose puisse
» consoler d'une chute méritée, et que l'on
» apaisera les regrets rongeurs de l'ambition
» déçue ! »

Si M. de Villèle eût été plus capable, il y a
toute apparence qu'il auroit administré la
France dans les intérêts généraux qui consti-

luent sa force nationale. M. de Villèle s'est
senti trop foible pour soulever ce grand fardeau, il n'a rien trouvé de mieux que d'en réduire le poids aux dimensions de son exiguité
personnelle. M. de Villèle s'est fait usurpateur
par foiblesse; car c'est véritablement une usurpation que ce sacrifice des intérêts publics à
des intérêts privés que l'on fait dominans.

Il étoit du devoir de M. de Villèle d'admi-
nistrer dans le sens des intérêts généraux; il
crut ne pouvoir le faire qu'au profit des intérêts personnels. Il eût fallu laisser à l'opinion
le libre développement de ses besoins légitimes, au trône toute sa suprématie, et
jouer cartes sur table le grand jeu du gouvernement; M. de Villèle craignit sans doute
de n'avoir pas assez de vigueur pour se soutenir dans ce mouvement régulier et fort d'une
administration, obligée de se montrer digne
des grâces de la couronne et d'exciter la reconnoissance publique. Donnant la préférence à ce qui sembloit lui promettre des succès, sinon aussi honorables, du moins en
apparence plus assurés, au lieu de s'élancer
généreusement dans la carrière du bien public où l'attendoient les plus brillantes destinées, il prit le timide parti de rester dans

l'ornière fangeuse que ses prédécesseurs lui
avoient tracée. Epouvanté des devoirs que lui
imposoit la marche régulière des lois, il pensa
que l'arbitraire et les petits moyens sur lesquels il s'étaie lui seroient plus faciles. Le
ministère répudia l'influence légale que lui
assuroit sa position, pour se donner une influence factice ; et l'administration publique
du royaume devint révolutionnaire dans ses
actes, puisqu'au lieu de consolider l'ordre
légitime établi, ces actes envahisseurs ont
constamment tendu à des empiètemens dont
le trône et les sujets ont également à se
plaindre.

~~~~~~

· CHAPITRE III.

De la séduction ministérielle.

Un ministère qui renonçoit ainsi à l'utile et
honorable patronage des intérêts publics, ne
pouvant espérer de convaincre les masses,
dut s'appliquer à séduire les individus. On
vouloit opprimer ; il fallut corrompre. Le
moyen dut s'ajuster au but. On ne s'adressa
point aux opinions , mais seulement aux
foiblesses de l'esprit. Dans le système tout
personnel qu'on s'étoit résolu à continuer en
le perfectionnant, il s'agissoit bien d'opinions !
les personnes étoient tout ; on ne considéra
que les personnes, et l'on s'en occupa, soit
pour vouer à l'ostracisme les hommes qui eurent la bonhomie de tenir à leurs principes ,
soit pour accabler de biens et d'honneurs ceux
qui furent assez raisonnables pour n'avoir
d'autre principe que celui de les sacrifier

tous au besoin de leur fortune , d'autre sentiment que celui de leur bien-être. On trouva
qu'au fond, pour mener un peu les affaires
publiques, le vote étoit tout , la raison pas
grand'chose , et que se procurer des votes
étoit plus facile que de donner des raisons.

Une grande réforme électorale eut lieu dans
l'intérêt bien évident du ministère ; car la monarchie n'en avoit nullement besoin, et pouvoit éventuellement en souffrir : déjà les élus
du berceau du fils de Berry étoient devenus
importuns. Ce fut dès ce moment que l'action
illicite du ministère , jusque-là couverte d'un
voile épais, entraînée à agir plus ouverte-
ment, put être appréciée pour ce qu'elle valoit, par qui ne s'étoit pas officieusement déterminé à fermer les yeux à la lumière.

L'influence ministérielle fut bien moins
employée contre l'ennemi du gouvernement
même qu'elle ne le fut contre l'opposant au
système de l'administration. Certes, ce ne fut
pas comme révolutionnaire que fut repoussé
M. Delalot. Ce fut comme royaliste, comme
dévoué serviteur du Roi et défenseur éloquent
des libertés publiques, que l'immortel auteur
de l'adresse de la Chambre des Députés en 1821,
fut impudemment offert en holocauste en 1823

à la peur ministérielle. La voix qui avoit fait
entendre avec un plein succès les foudres de
l'accusation sur les têtes coupables des derniers ministres, devoit être redoutable pour
leurs successeurs, marchant dans la même
voie et traînant la France vers le même abîme.
La voix importune fut étouffée, et par quels
moyens, grands Dieux! Les plus hautes illus-
trations de la naissance ne craignirent point
de se ravaler jusqu'au mensonge pour délivrer
le grand distributeur des plus hautes comme
des plus basses faveurs, de l'honorable objet
de ses terreurs secrètes. Le sacrilége même ne
fut point épargné : les noms sacrés du Roi et
de l'héritier présomptif de la couronne, au-
dacieusement invoqués, servirent à violenter
les consciences. On prodigua les promesses
et les menaces : beaucoup des premières furent tenues, les dernières surtout furent exécutées ; des récompenses furent distribuées,
les unes publiquement, d'autres, dit-on, d'une
manière un peu moins honorable ; des destitutions scandaleuses eurent lieu.

Et ce qui se passoit dans le département de
la Marne, se répétoit avec moins d'éclat,
mais non avec une moins déplorable insis-
tance dans d'autres contrées. Partout, à la

vérité, le ministère ne fut pas aussi heureux ; mais partout il fut aussi coupable.

Dès ce moment , le ministère renonçant avec une sorte de hauteur à l'assentiment public , mit une sorte de gloire à ne se soutenir que par la violence et la corruption. Déjà on l'avoit vu traîner un royaliste devant les tribunaux correctionnels, coupable qu'il étoit de vouloir user pour la défense du trône et des libertés publiques , du droit qu'il tenoit de la munificence royale de publier un journal. Nous avons vu depuis se renouveler par deux fois à peu près le même scandale. Un ministère qui venoit de trahir avec tant d'impudeur ses anciens amis , et qui renversoit chaque jour avec audace le principe et les institutions de la royauté , un ministère qui vouloit par usurpation et traîtreusement se faire le seul maître de toutes choses en France , au risque de ce qui pourroit en arriver pour la sûreté même du trône , un ministère dont chaque acte portoit son reproche et sa honte , avoit besoin de couvrir d'un vaste silence ses criminelles-opérations, et de marchander des complices pour ses méfaits.

Tout ce qui voulut se vendre , fut acheté. Les places et les récompenses publiques des-

tinées à payer des services rendus à l'Etat,
devinrent le prix de services à rendre au ministère. On ne s'en tint pas là : des sommes
considérables, dont plus tard nous recherche-
rons la coupable origine, furent employées à
l'achat des feuilles publiques ; les consciences
furent tarifées, et tout porte à croire que la
corruption s'éleva des plus basses jusqu'aux
plus hautes régions: La masse énorme de fonds
enfouie dans ces honteux marchés, semble-
roit justifier le bruit public qui accuse des
personnages dont les actions devroient être
toujours dignes des noms illustres qui les dé-
corent et des augustes confiances dont ils
étoient honorés. Des révélations accablantes
pourroient être faites ici; elles le seroient, si,
à côté de la conviction profonde dont il est
pénétré, l'écrivain, en pareil cas, avant de
signaler les noms des coupables à la vindicte
publique, ne devoit rapporter, et ceci devient
moins facile en de telles affaires, les preuves
matérielles des faits allégués. Un examen rigoureux des mouvemens financiers du ministère par les Chambres; l'accusation constitutionnelle ouverte contre ce même ministère,
que tant de présomptions capitales accusent,
que tant de faits publics condamnent; peut-

être même aussi quelques circonstances, aujourd'hui généralement non prévues, et que
nous espérons être assez heureux pour faire
naître, nous fourniront un jour le moyen de
déchirer le voile qui couvre encore ces épou-
vantables iniquités.

La corruption a été organisée avec tant d'audace, elle est devenue un fait si public, que
bien qu'il soit difficile d'établir matériellement
la preuve des divers faits qui la constituent,
on ne sauroit en méconnoître l'existence. La
main qui donne et celle qui reçoit ne se sont pas
toujours assez soigneusement cachées. Le vice
corrupteur ne manque pas d'insolence; le vice
corrompu a quelquefois aussi sa naïveté. On
finit par s'accoutumer à sa propre honte au
sein des honneurs et des richesses qui servent
à la payer; et il n'a pas été rare de voir des
hommes se vanter de la cause qui avoit produit d'aussi brillans effets. L'honnête homme
à pied est un être si ridicule pour le faquin en
litière, que celui-ci peut en venir en fort peu
de temps au point de se croire l'honnête
homme. Le monde, et surtout le beau monde,
est fait d'ailleurs de telle sorte, que la pré-
pondérance de l'argent qui impose trop souvent à celui-là même qui ne le possède point,

doit agir plus efficacement encore sur celui qui le possède, surtout lorsque le pouvoir semble s'être fait lui-même le propagateur de cette doctrine aujourd'hui si répandue, que la vertu n'est rien, et que l'argent est tout.

C'est à cet état de renversement de tous les principes que nous en sommes venus en France. Depuis l'existence du ministère actuel, la corruption dont avant lui on rougissoit encore, dont on avoit du moins la pudeur de se défendre, est devenue presque un titre d'honneur; on s'en enorgueillit, et aux yeux de ceux qui ont fait argent de leur conscience, ceux qui ont voulu ne point délustrer la leur, passent pour de bien petits esprits, ou tout au moins pour de bien mauvais caractères. Cet état de choses est de conviction publique. M. de Montlosier (*Drapeau Blanc* du 13 octobre) affirme que *les consciences succombent*, et qu'il n'y a rien d'étonnant à cela.

Quand les dépositaires du pouvoir ont ainsi démoralisé les sommités d'une nation, on ne sait quel plus grand mal ils pourroient lui faire; car il n'y a plus de société, il n'y a plus d'ordre politique là où l'honneur, ce gardien perpétuel de la foi publique, est considéré comme un titre de réprobation officielle et ministériellement voué au plus sot dédain.

Mais en perdant les nations en gros, si cette expression nous est permise, la corruption commence toujours par les ruiner en détail. Les opérations les plus destructives des finances de l'Etat doivent accompagner nécessairement des actes subversifs de la morale publique.

CHAPITRE IV.

De quelques affaires d'argent.

La corruption meurt bien vite, si on ne lui donne incessamment de la pâture, et la corruption ne vit que d'argent. C'est un feu dont l'aliment coûte fort cher, et qui s'éteint aussitôt que l'aliment vient à lui manquer.

Le ministère avoit bien quelques ressources dans les parties les plus honteuses du budget de la police; mais ces ressources, quelque considérables qu'elles soient, sont bornées, et les besoins de la corruption ne connoissent point de limites.

Bientôt aussi elle dévora les sommes annuellement votées pour servir d'encouragement aux savans, aux artistes et aux hommes de lettres. C'étoit beaucoup contre les sciences, les lettres et les beaux-arts ; ce fut trop peu, ce ne fut presque rien pour la corruption. Du

moins, est-ce ainsi qu'a pensé le public; car il
n'y a pas eu d'affaire d'argent sous ce ministre, qu'à l'instant on ne l'ait accusé d'y avoir
pris part, dans la nécessité où on l'a vu de se
procurer au jour le jour les moyens de dissiper
les embarras sans cesse renaissans qu'il s'est
créés par son système? Et il faut bien le dire :
la conduite équivoque du ministère, dans les
plus notables circonstances où l'argent s'est
trouvé mêlé, n'a malheureusement ajouté que
trop d'autres probabilités aux présomptions
du public à cet égard.

On a beaucoup parlé, et l'on parlera beaucoup encore de l'affaire Ouvrard, de ces marchés dont l'origine, plus scandaleuse encore
que les dilapidations énormes produites par
leur ruineuse exécution, a trouvé dans M. de
Villèle un apologiste souvent malheureux dans
ses raisonnemens trop tirés, plus souvent encore dans ses assertions contradictoires. Là
où l'on avoit lieu d'attendre un sévère contrô-
leur des dépenses publiques, on a trop remarqué les manœuvres complaisantes d'une amitié
dont chacun a pu interpréter les conditions.

Des interpellations ont été adressées à M. de
Villèle du haut de la tribune élective; et M. de
Villèle, pris au dépourvu, a répondu, comme

le coupable sur la sellette, en se donnant coup
sur coup des démentis, qui ont publiquement
accusé sa bonne foi, et considérablement nui
à sa probité politique.

Il a été imprimé à deux reprises que, sur
les bénéfices provenant des marchés Ouvrard,
une partie avoit servi à payer les soins de
ceux-là qui leur avoient si honteusement donné
le jour, et qu'une autre partie, entre autres,
une somme désignée de six millions, avoit été
versée dans la caisse secrète, au moyen de laquelle un ami dévoué de M. de Villèle, grand
amortisseur de l'esprit public, avoit acheté,
pour le service du ministre dirigeant, tous les
journaux et toutes les consciences politico-lit-
téraires qu'il avoit trouvés en disposition de
se vendre; et aucune réponse n'a été faite,
aucune explication n'a été donnée au sujet de
cette grave accusation, dont, au besoin, les
opérations assez connues de la caisse amor-
tissante confirmeroient la honteuse réalité.

Fatigué des contrariétés qu'il éprouve des
suites d'une affaire qu'il avoit cru pouvoir
étouffer dans les Chambres, en se réservant
de monter seul à la tribune, pour la défendre
à sa manière, en présence des commissaires
du Roi, silencieux par ordre ou par tout autre

motif non moins singulier, M. de Villèle veut-il
éloigner les questions graves qui s'élèvent à
ce sujet du terrain politique où elles semblent
déjà le menacer, pour les porter sur le champ
de bataille judiciaire, où, en sa qualité de
justiciable des Chambres, elles ne sauroient
l'atteindre, bientôt nous voyons M. Ouvrard
lui-même déclarer dans les journaux *que M. de
Villèle l'a envoyé à la Conciergerie pour y recevoir les coups qu'on porte à ce ministre* [1];
et par son silence sur une aussi sérieuse accusation, M. de Villèle justifie à la fois et l'opinion accréditée dans le public qu'il est coupable, et l'assertion solennellement proclamée
à l'appui de cette opinion.

Le munitionnaire général et l'intendant en
chef signataire du marché de Bayonne, étant
sous la main de la justice, il ne nous convient
pas de nous appesantir en ce moment sur cette
affaire importante, dont nous nous occupe-
rons plus sérieusement, lorsque, la voyant
tout-à-fait dans le domaine des discussions politiques, il nous sera possible, comme nous
le permet l'étude approfondie que nous en
avons faite, et que nous aimons à suivre, de

[1] Voir les journaux des 3 et 4 septembre

signaler sans ménagement à l'opinion venge-
resse, et les abus que cette honteuse affaire a
produits, et tous leurs coupables auteurs.

Avec un ministère dont toute la politique
se fonde sur l'argent, la Bourse, où l'on né-
gocie les fonds publics, ne pouvoit être négligée. On voit en effet que, depuis qu'il est
à la tête des affaires, la Bourse joue le principal rôle dans les combinaisons de M. de Villèle : d'abord, et c'est dans l'ordre, par des
opérations timides et cachées, et successivement à grand jeu découvert, et comme si l'administration publique du royaume, dont le
devoir est d'abandonner les fonds publics à
leur cours naturel, n'avoit pas autre chose à
faire qu'à se balancer entre la hausse et la
baisse.

A peine fut-il le maître de l'administration, que M. de Villèle se montra le protecteur vigilant, non pas de la rente livrée à l'action exclusive du véritable capitaliste, de celui
qui achète pour placer son argent, mais de la
rente transformée, par des marchés fictifs,
en paris ruineux pour les familles, destruc-
teurs de la morale publique, et attentatoires
à la sûreté du crédit public.

On avoit fait courir, dès les premiers jours

du ministère de M. de Villèle, quelques bruits
d'une réforme de la Bourse, ou, pour mieux
dire, de la mise à exécution des lois qui devroient la régir dans le sens des intérêts les
plus honorables; on devoit, en outre, disoit-
on, réorganiser la compagnie des agens de
change, en augmentant le nombre des membres qui la composent. La compagnie ne fut
ni augmentée, ni réorganisée; la réforme n'eut
pas lieu; et, loin de diminuer, les abus allèrent
en croissant. Des familles furent de nouveau
ruinées, de nombreuses faillites d'agens de
change eurent lieu; et lorsque la justice ayant
à s'occuper, par incident, de cet effroyable
désordre, essaya d'y mettre un terme par les
décisions les plus salutaires, on vit le ministère, s'interposant entre l'agiotage aux abois
et l'action réparatrice des tribunaux, montrer
avec terreur un complice des abus que l'on
réprimoit, dans la puissance même dont le
devoir est de les prévenir.

Une telle conduite dut éveiller les plus
graves soupçons. On se demanda quels pouvoient en être les motifs, et l'on n'en trouvoit
que de honteux. On alla jusqu'à soupçonner
que le ministre, qui, au lieu de mettre à
exécution ses projets tant vantés de réforme

de la Bourse, et de réorganisation des agens
de change, se faisoit ainsi l'appui chaleureux
des abus et de ceux qui les commettoient,
avoit pu recevoir un prix de sa complai-
sance. Cette opinion a eu quelque crédit dans
le temps; toutefois nous ne la rapportons que
pour faire connoître jusqu'à quel point les effets de la conduite ministérielle étoient dignes
de blâme, puisqu'on pouvoit leur prêter une
telle cause. Toujours est-il vrai de dire qu'un
ministère, ainsi reconnu protecteur de l'agiotage, étoit lui-même agioteur; et ceci, selon
nous, est bien plus dangereux et bien plus
criminel.

Ce fut dans ces circonstances, et au milieu
de ces préventions, qu'eut lieu la fameuse négociation des 23 milions de rente au profit de
la compagnie Rothschid, funeste et déjà coûteuse origine de toutes les opérations financières avec lesquelles M. de Villèle est venu
plus tard et successivement tourmenter notre
crédit, et détériorer notre ordre politique.

Trois compagnies françaises et la compagnie cosmopolite se présentèrent pour sou-
missionner cet emprunt. Nous n'essaierons
pas d'expliquer comment il se fit qu'en agissant en apparence séparément, chacune des

4

trois premières se trouva avoir écrit dans sa
soumission cachetée, absolument la même
offre de 87 fr. 75 c., laquelle réduite valeur au
comptant, ne représentoit qu'environ 83 fr.
40 c., c'est-à-dire près de 6 pour 100 au-dessous
du cours du jour, et bien plus au-dessous encore
des cours du lendemain et des jours suivans,
que la hausse croissante des fonds publics, au
milieu des circonstances les plus glorieuses
pour la France, et les plus favorables à son
crédit, promettoit d'élever successivement
jusqu'au pair, et même au-delà. En admettant
qu'il y ait eu concurrence réelle dans cette négociation, nous n'en mettrons pas moins de
côté cette offre si singulièrement identique
des trois compagnies ostensiblement exclues
pour ne nous occuper que de celle de la compagnie privilégiée, et du minimum fixé par
le ministre ; les observations auxquelles nous
allons nous livrer, pour démontrer combien
le prix auquel l'emprunt a été négocié et celui
du minimum ministériel, sont au-dessous de
celui que le Trésor devoit obtenir, devant
s'appliquer avec plus de force et de justesse
encore au prix plus bas offert par les compagnies françaises.

L'offre de la compagnie Rothschid, de-

venue le prix d'adjudication de l'emprunt, est
de 89 fr. 55 c., et le minimum du ministre des
finances, de 89 fr., c'est-à-dire, valeur réduite au comptant, d'un peu plus de 85 fr.
pour le prix d'adjudication, et d'environ 84 fr.
60 c. pour le minimum ministériel.

Par comparaison avec le cours du jour, de
89 fr. 25 c., la perte que présente le minimum
du ministre, est de plus de 21 millions et
demi, celle de l'adjudication est de 19 millions et demi.

Mais en réalité cette différence en perte est
bien plus considérable, puisqu'ici il ne suffit
point de prendre pour point de comparaison
le cours du jour, mais qu'il faut considérer le
cours auquel la rente devoit nécessairement
s'élever en peu de temps. Or la prévision à
cet égard étoit de notoriété publique, et nous
verrons un peu plus loin, que le ministre
même qui offroit et qui vendoit plus de vingt-
trois millions de rente au-dessous du cours
et à des termes de paiement dont le dernier
ne devoit expirer qu'au bout de vingt mois,
savoit très-bien que la rente, bien loin de diminuer, devoit augmenter au contraire dans de
gigantesques proportions.

Depuis le commencement de la guerre d'Es-

pagne , la rente considérablement améliorée ,
comptoit au moment de la négociation 14 pour
cent de hausse ; chaque jour on voyoit le crédit s'affermir et les fonds publics s'élever avec
une telle rapidité, qu'il n'étoit pas difficile
de prévoir que le dernier succès de nos armes
(nous étions alors devant Cadix) et la fin prochaine de la guerre , en porteroient le cours
au-delà du pair nominal. A cette époque la
rente française que n'étoient pas encore venus
détériorer des projets ministériels d'agiotage,
étoit considérée comme le fonds public le
mieux établi ; elle attiroit l'argent du capitaliste
et pompoit les capitaux de l'Europe. Dans une
telle position de crédit public qui n'étoit igno-
rée ni du ministre des finances, ni du banquier
cosmopolite au nom duquel la négociation de
l'emprunt a été opérée, on se demande comment il est possible qu'on n'ait pas retardé de
deux ou trois mois cette négociation, pour
lui faire rencontrer un plus haut cours coté
à la Bourse, ou bien que le ministre ait pu
consentir à la consommer à un prix si éloigné
des justes prétentions qu'il pouvoit raisonnablement élever dans l'intérêt du Trésor.

Nous avons dit que le ministre qui a négocié
l'emprunt même au-dessous du cours, savoit

très-bien que la rente bien loin de diminuer
de valeur devoit encore considérablement s'a-
méliorer. En effet, n'avons-nous pas vu, quelques mois après cette étrange négociation, le
ministre qui l'avoit faite, venir à la tribune
présenter un projet de loi pour la réduction
de l'intérêt de la dette publique, fondé sur
cette assertion que l'intérêt étoit tombé à 4
pour cent, et qu'il devoit insensiblement descendre jusqu'à trois, c'est-à-dire, en prenant
le terme selon lui positif de 4 pour cent, que
la rente cinq pour cent devoit naturellement
s'élever à 125? Nous n'entrerons point pour
le moment dans la discussion de la base sur
laquelle le ministre des finances appuyoit son
projet de loi; nous dirons seulement, comme
un fait particulier à nos fonds publics, que
dans des circonstances telles que celles d'une
guerre, qui, en rajeunissant la gloire de nos
armes de terre et de mer, affermissoit aux
yeux du monde entier la force de notre gouvernement, et dotoit ainsi la France de la
plénitude de considération que lui assignent
ses richesses naturelles, la rente française livrée au cours entraînant de ses prospérités et
préservée des terreurs dont le ministère est
venu malheureusement l'embarrasser, auroit

acquis en réalité cette valeur de 125 pour cent; et ce qui le prouve mieux que tous les raisonnemens, c'est que, malgré le discrédit dont elle a été subitement frappée par les opérations inquiétantes du ministère, elle s'est élevée jusqu'à 106.

L'argent de l'Europe affluant dans nos fonds publics eût rapidement opéré ce brillant résultat, qu'eût nécessairement consolidé là confiance des capitalistes français dont Paris abonde, lesquels en définitive se fussent estimés heureux de retirer quatre pour cent net de leurs capitaux, par un placement qui aux précieux avantages dont on l'a privilégié dès son origine, auroit joint tout le prestige des garanties morales les plus brillantes, les plus décisives.

Qu'avoit donc à faire le ministre au mois de juillet 1823? Provoquer les effets salutaires de la concurrence; fixer le *minimum* de l'État et s'assurer d'une offre d'adjudication, plus conformes au crédit actuel de la France et à ses espérances certaines dans un avenir très-rapproché; ou bien, ce qui certes auroit mieux valu, presser, au lieu de retenir comme il l'a fait, le dénouement de la guerre d'Espagne, attendre encore deux ou trois mois, s'il l'eût fallu, la fin si glorieuse de cette guerre de réhabilitation, pour obtenir d'une manière plus sûre encore et plus absolue, une négociation telle qu'avoient droit de l'attendre l'intérêt du Trésor, la dignité de la France et les justes exigences de notre crédit.

En résultat, l'étrange conduite du ministre dans une opération dont ses propres discours annoncent qu'il connoissoit la véritable portée, a fait éprouver au Trésor une différence en moins de 20 pour cent, sur plus de 23 millions, soit une perte de plus de 92 millions et demi, en comparant le prix de 85 auquel l'emprunt a été livré avec le cours de 106 auquel la rente s'est élevée en dépit de toutes les tortures que lui ont fait subir les opérations du ministère ; cette perte est de 40 pour cent, soit de 185 millions, si on compare ce prix au cours de 125 qu'auroit dû atteindre la rente, affranchie des tortures ministérielles.

Dans un de nos précédens écrits [1], et successivement dans les journaux, nous avons signalé ces graves abus, et jamais aucune réponse n'a été faite, aucune explication n'a été donnée, pour démentir ou pour modifier

[1] *Appel d'intérêt public au Gouvernement contre le Ministère,* pag. 187 à 192.

la justesse de nos calculs et la sévérité de notre accusation. Et cependant il n'est pas question ici de l'avenir ni de rien d'incertain ; il s'agit de faits accomplis et faciles à vérifier, il s'agit de calculs, que chacun peut faire, et de circonstances publiques, que tout le monde a pu apprécier. On gardera sans doute encore le même silence de la part du ministère sur cette attaque, que nous reproduisons ici, et que nous reproduirons partout et toujours, jusqu'à ce que justice ait été faite de cette effrayante dilapidation des deniers publics, commise avec une aussi criminelle légèreté.

La fortune de la rente française ayant été arrêtée dans son essor, par l'intervention inquiétante des divers projets ministériels de réduction et de conversion, la compagnie Rothschid n'a guères gagné, ainsi que nous l'avons vu, que 20 pour cent dans la négociation de 1823, sur les 40 pour cent, qu'en réalité l'État y a perdus. Le bénéfice de la compagnie en définitive a été de près de 93 millions.

Et notez bien que nous disons, *la Compagnie*, et non la maison Rothschid ; car si l'on ajoute foi à des bruits assez recommandables, et nous ne croyons pas trop hasarder en assu-

rant que les registres de *la maison* Rothschid
ne démentiroient point cette assertion, la
maison auroit tout au plus bénéficié pour son
compte une quinzaine de millions, le reste
seroit tombé au profit de la compagnie. De
quels élémens se composoit cette compagnie
dont la maison Rothschid n'auroit été que le
prête-nom? Ceci doit être encore pour la
masse du public un mystère, que le temps,
nous l'espérons, nous permettra de lui dévoiler. Nous devons pour le moment nous borner aux inductions suivantes.

Il avoit été dit à peu près vers la même
époque, que plusieurs caisses publiques pré-
sentoient des déficits dont on signaloit diver-
sement les causes. Les besoins toujours renaissans de la corruption, disoient quelques uns,
auroient produit certains embarras dont il
falloit se délivrer et fait naître de nouvelles
exigences qu'il falloit satisfaire. Dans l'hypothèse de l'existence de ces déficits, à laquelle
sembla prêter un nouveau crédit la centralisation des caisses des diverses directions dans
les mains du ministre des finances, où l'on
pense qu'elles ne devroient aboutir que pour
venir y être contrôlées, il devenoit urgent de
les couvrir, et ce seroit pour cet usage, ajoute-

t-on, ou bien ce qui seroit en définitive la même
chose, pour servir de nouveau à reconnoître ou
à s'assurer des services ministériels, qu'auroit
été réservée la meilleure partie de l'emprunt.

Nous n'entendons accuser personne ; nous
rapportons seulement des faits. Il est seulement fâcheux que ces faits soient d'une telle
nature, qu'ils aient donné lieu à des bruits
aussi injurieux pour le ministre, dont la conduite peu satisfaisante, a donné naissance à
ces faits accusateurs ; et qu'aujourd'hui ils
puissent former des présomptions assez fortes,
pour justifier les plus graves accusations qui seroient élevées contre lui. A un effet digne de
censure, il faut bien que l'on assigne une cause
reprochable. Ce n'est donc pas nous qui accusons le ministre, ce sont ses œuvres.

CHAPITRE V.

L'État à la Bourse.

Lorsqu'on est engagé dans une mauvaise route, il faut s'attendre à faire plus d'un faux pas ; c'est ce qui est arrivé au ministère. Le mal dans ce bas monde s'enchaîne irrésistiblement au mal ; et la faute de la veille appelle toujours la faute du lendemain. Nous avons vu le ministère conduit à organiser une opinion factice, par la difficulté trop grande qu'il a cru trouver à régir l'Etat dans le sens et selon l'esprit des intérêts nationaux ; de là, réduit à violenter la parole quand il ne pouvoit pas l'acheter, forcé d'opprimer là où l'on ne vouloit pas se laisser corrompre ; bientôt et par une conséquence nécessaire de ces prémisses violant les lois de son pays, et successivement entraîné dans des opérations contraires à la morale publique et ruineuses pour le Trésor :

nous allons le voir demandant des lois pour étayer son système d'argent, et transporter l'Etat à la Bourse.

La nécessité et la possibilité d'une loi de remboursement du capital de la rente française n'étoient pas assez généralement senties, ni la moralité de la réduction de la rente assez bien établie, pour justifier, par les raisons qui en furent officiellement données, le projet de loi présenté dans la session de 1824 par le ministère aux Chambres, vivement discuté dans la Chambre des Députés, et en définitive rejeté par la Chambre des Pairs. Il fallut donc assigner à ce bizarre projet, depuis renouvelé sous une autre forme et péniblement adopté, d'autres motifs que les motifs pitoyables et contradictoires, qui, à diverses fois, ont été ostensiblement allégués à l'appui des projets ministériels.

On alla jusqu'à répandre dans le public, que l'origine de ces projets, dans lesquels la maison Rothschid étoit si fortement intéressée, remontoit à l'époque de l'emprunt dont nous venons de parler, et qui avoit été nominativement négocié au profit de cette maison. On assuroit que le banquier n'avoit si considérablement réduit sa part de bénéfice dans cette opération, en faveur de certaines exigences et de certains besoins secrets, que sous la condition expresse que ceux qui avoient pu lui imposer ce grand sacrifice, auroient le crédit et la volonté de l'en dédommager, au moyen d'une vaste combinaison financière, plus tard introduite dans le système du crédit public français, et dont la maison cosmopolite seroit l'instrument privilégié.

Quoi qu'il en soit des motifs réels qui déterminèrent le ministre à jeter dans le public ses projets malencontreux, il est de fait, que lorsque le premier projet de remboursement du capital de la dette publique, avec option de conversion en 3 pour 100 et augmentation d'un tiers sur le capital, fut présenté à l'examen des Chambres, déjà, et depuis long-temps le ministère avoit pris avec la maison Rothschid tous les arrangemens relatifs aux besoins de cette grande machine d'agiotage, que l'on vouloit introduire dans la Bourse française, pour s'y mouvoir au profit de quelques uns.

Quatre questions principales se rattachent à ce projet de loi et à celui qui, présenté dans la session suivante, est devenu loi de l'Etat par l'assentiment des Chambres :

1°. L'Etat, par une combinaison quelconque

de remboursement ou de conversion, a-t-il le droit de réduire forcément la valeur que son papier, connu sous la forme de rente, a pu acquérir entre les mains des capitalistes?

2°. L'intérêt de l'argent, comme on l'a prétendu, étoit-il réellement tombé à 4 pour 100, et annonçoit-il devoir descendre jusqu'à 3 ?

3°. En supposant que l'argent fût à 4 et même à 3, y avoit-il nécessité de changer le titre de la rente?

4°. En admettant qu'il y eût nécessité de changer le titre de la rente, les moyens proposés et en partie définitivement adoptés pour changer ce titre, sont-ils convenables ?

L'article 1911 du Code s'exprime ainsi : « La rente constituée est essentiellement rachetable. » Les lois sur la dette publique sont quant à la rente perpétuelle de l'Etat une application de cette règle, avec la modification toutefois de certaines exceptions commandées au législateur par la nature spéciale, non pas précisément de la rente qu'il constituoit, mais bien plutôt du papier qu'il mettoit en circulation, et qui nécessairement devoit être et fut en effet investi de toutes les garanties propres à lui donner de la valeur. Il ne s'a-

gissoit point ici d'un intérêt déterminé, mais
bien de la chose elle-même, suivant au jour le
jour le prix d'un cours régulier, officiellement
constaté. Le capital de cet effet public varie
essentiellement avec le cours qui seul en dé-
termine le prix; et sa valeur nominale que le
cours peut dépasser, par cela même qu'il a
été en deçà, ne peut pas plus servir à déterminer le chiffre du rachat, qu'elle n'a servi à
fixer le prix de l'émission. C'est au cours que
cet effet public a été négocié; c'est au cours
qu'il doit être racheté. Les lois qui en ont
ordonné la négociation, ont également pourvu
aux conditions du rachat, et souverainement
réglé toutes les conditions qui obligent et le
rentier créancier et l'Etat débiteur. Le rachat
surtout y est prévu. Le mode de ce rachat y
est clairement déterminé.

C'est la caisse d'amortissement qui rachète
sans contrainte pour le porteur de la rente,
publiquement, et avec concurrence ; de telle
sorte que l'instrument du rachat, convenablement dirigé avec les moyens qui lui sont
propres, doit produire le double avantage pour
le rentier et pour l'Etat, de diminuer progres-
sivement et d'éteindre en définitive la dette publique, en donnant successivement à la rente

toute la valeur qu'elle peut atteindre, et au crédit public toute l'extension dont il est susceptible.

Invoquer l'application absolue de l'art. 1911 du Code, qui n'a eu réellement pour objet que des transactions ordinaires, et ne tenir nul compte des exceptions positives par lesquelles la loi a souverainement modifié le principe de cet article, dans un cas tout-à-fait spécial, et qui réclamoit des règles toutes particulières, c'est déchirer violemment le contrat qui lie les parties, et, par un mépris solennel de la foi jurée, attirer sur l'objet de ce contrat avili tout le discrédit dont la mauvaise foi empreint toujours ses œuvres. Un débiteur qui substitue l'action de sa volonté personnelle à l'accomplissement religieux des conventions qui l'obligent, se fait obéir, s'il est le plus fort; mais il n'inspire plus que la méfiance, parce qu'il a cessé d'être juste.

Non, l'Etat n'a pas le droit de réduire forcément les avantages résultant pour le papier qu'il a émis, des conditions dont il a lui-même accompagné cette émission; la loi de réduction, que le ministère a eu le crédit de faire passer, prouve seulement que l'Etat en a eu le pouvoir. Mais la mesure qu'elle ordonne n'en est pas moins radicalement illégale dans

le sens de justice et de permanence attaché au
caractère de la loi; elle n'en est pas moins im-
morale en ce qu'elle consacre le mépris des
conventions les plus respectables; elle devoit
avoir les tristes résultats que nous lui avons vu
produire, parce que le crédit ne vit que de confiance, et que la confiance succomba toujours
sous les coups de la violence et de l'arbitraire.

Pour obtenir cette loi qui ne lui a donné
que les fruits amers de l'injustice, le ministère
a prétendu que l'intérêt de l'argent étoit à
4 pour 100, et qu'il devoit insensiblement
descendre jusqu'à 3. La peine qu'il a prise
pour établir victorieusement cette assertion
prouve toute la passion qu'il avoit de faire
passer les projets de loi auxquels il lui faisoit
servir de base.

Il est arrivé que ses efforts mêmes n'ont abouti
qu'à le conduire vers un but opposé, au moins
en partie, à celui qu'il vouloit atteindre. On l'a
vu, par exemple, exhumant à l'improviste une
loi tombée en désuétude, faire poursuivre
sur tous les points de la France (Paris excepté)
la répression du délit d'usure. A Dieu ne plaise
que nous entendions prendre ici la défense de
ce vice honteux qui corrompt à leur appari-
ion dans le monde les jeunes espérances des

familles! Mais il falloit être bien dépourvu de moyens de conviction, ou bien, il falloit avoir grand besoin de cette mesure dans une autre intention, pour venir apporter comme preuve que l'intérêt de l'argent n'étoit pas même à 5, des faits juridiques établissant que des propriétaires, et même, dans certaines localités, des commerçans, s'étoient vus contraints d'emprunter à 9, 12, 15 et 18 pour 100.

Et qu'on ne pense pas que, depuis que nos tribunaux de province retentissent des sentences les plus sévères contre l'usure, la situation des emprunteurs s'y soit améliorée ; elle n'a fait au contraire qu'empirer, et cela devoit être. L'argent déjà fort rare dans les départemens, surtout dans les départemens éloignés de la capitale, y est devenu plus rare encore. On pourroit citer telle ville où des propriétaires de 200, de 500,000 fr. de biens fonds ne trouvent pas à emprunter 1000 écus, et même 1500 fr. sur premières hypothèques. En général, le système de centralisation sous lequel la révolution, l'empire, et plus tard des ministres despotes ont placé et maintenu la malheureuse France, attirant à Paris les fortunes faites, les départemens sont appauvris de ce que la capitale gagne à ce mouvement de centralisation sur un même point de tout ce qui donne vie et âme au corps social.

La loi de la réduction, loin de modifier ce grave inconvénient, n'a fait qu'y ajouter, et il y a fortement lieu de penser, du moins s'il faut en juger d'après le résultat obtenu, que la mesure provoquée contre le délit d'usure, dans toutes les parties du royaume qui n'étoient pas la capitale, n'a eu au fond pour objet que de l'enrichir de tous les capitaux que cette mesure en définitive devoit laisser sans emploi dans les diverses localités. Admirons cette coïncidence : tandis que la mise à exécution imprévue et sévère de la loi du 3 septembre 1807 sur les intérêts, rendoit embarrassante dans les départemens la position des capitalistes occupés à y exploiter la rareté des fonds, la loi de réduction et de conversion, immense combinaison d'agiotage, est venue à point nommé leur offrir un appât que l'institution simultanée des receveurs-généraux n'a fait que rendre plus séduisant.

Les fameux projets du ministre devoient, disoit-il, faire refluer les fonds de la capitale dans les provinces, et l'agriculture, l'industrie et le commerce profiter de ce que l'on enlevoit aux rentiers; les capitaux ne sont deve-

nus que plus rares dans les départemens, parce
que les besoins de l'agiotage exigeoient qu'ils
fussent plus abondans à Paris.

Il résulte de ces considérations, que le taux
de l'intérêt doit présenter des disproportions
choquantes selon les localités, et que plus il
pourra être bas à Paris, plus effectivement il
sera élevé dans les départemens. Décentrali-
ser le pouvoir et le mouvement des affaires,
par un système d'administration et de finances
mieux combiné : voilà le seul moyen de rétablir à peu près l'équilibre entre les diverses
places. Jusques-là l'intérêt de l'argent, qui
sera, si l'on veut, à 4 pour cent, peut-être à
trois, sur la place favorisée, pourra fort
bien être à 12, 18 et 20 pour cent partout ailleurs. Le commerce, l'industrie et
l'agriculture périront; la Bourse seule pros-
pérera, jusqu'à ce que l'Etat si imprudem-
ment transporté à la Bourse, manquant de
cette nourriture qu'en définitive il ne reçoit
que de l'agriculture, de l'industrie et du commerce, y périra au sein des prospérités facti-
ces qui auront desséché la source de ses
prospérités réelles.

En résumé, l'intérêt est loin d'être au-des-

sous de cinq ; il est même généralement au-
dessus. L'assertion sur laquelle le ministre
fondoit le prétendu besoin de ses lois de réduction de l'intérêt de la dette publique, n'est
donc point exacte. Cette assertion est démen-
tie par les faits.

On objectera que si généralement l'intérêt est au - dessus de cinq, dans la rente du
moins vers laquelle tous les fonds sont at-
tirés, au sein de la capitale qui regorge de
capitaux, l'intérêt peut bien descendre au-
dessous.

Ceci seroit absolument vrai, si à tous les
avantages qu'elle présente, à tous les privi-
léges dont elle est si richement dotée, la rente
joignoit le mérite indispensable d'inspirer toute
confiance sur sa stabilité, première condition
nécessaire de l'existence de tout papier en circulation. Cela étant, nous pensons qu'en tout
état de cause, la rente qui seroit la propriété
à la fois la plus agréable et la plus sûre, étant
plus particulièrement recherchée, pourroit par
exception, ne représenter qu'un intérêt d'environ 4 pour cent. Mais nous le demandons :
le ministère, avec toutes les tortures qu'il fait
subir depuis deux ans au crédit public, n'a-
t-il pas dépouillé notre papier d'Etat de cette

précieuse confiance qui vit de stabilité et de bonne foi, et que tuent l'incertitude et la déloyauté?

Mais en supposant que l'argent fût à 4 et même à 3, encore n'y avoit-il pas nécessité de changer le titre de la rente. Ce n'est point le titre qui règle le cours de la rente, mais bien plutôt la situation politique et l'état des finances. Voulez-vous que vos fonds soient en hausse et s'y maintiennent, faites que votre politique soit bonne, vos finances bien ordonnées, de telle sorte que l'Etat inspire une pleine confiance. Qu'importe que l'on cote du cinq, ou du quatre à la Bourse? Le cinq sera à cent-vingt-cinq là où le quatre seroit à cent; voilà toute la différence, si l'on peut appeler différence ce qui n'en établit aucune dans les richesses du pays, ni même en définitive dans les moyens d'en faire connoître la situation prospère au monde entier.

Ce motif secondaire, sur lequel le ministre n'a pas craint d'appuyer la prétendue nécessité de ses projets de réduction, est au fond si puéril, qu'on est bien forcé de le considérer encore plus particulièrement que l'autre, comme servant à cacher les motifs plus réels qui l'ont fait agir et que l'on devine facilement en présence des effets produits par l'exécution ruineuse des projets ministériels.

Ceci nous porte naturellement à examiner si, en admettant même qu'il y eût nécessité de changer le titre de la rente, les moyens proposés en 1824, et notamment ceux adoptés en 1825, pour changer ce titre, sont convenables.

Au moment de l'ouverture de la première de ces deux sessions, le cours de la rente étoit à cent un, et M. de Villèle, disoit le 5 avril 1824, à la tribune de la Chambre des Députés :

« Notre rente a dépassé le pair ; elle se » vend au-dessus, avec la connoissance d'un » prochain remboursement, ou d'une réduc- » tion des intérêts à 4. *Elle seroit à cent dix* » *et cent quinze*, si la loyauté du gouverne- » ment ne l'eût porté à laisser pénétrer ses » intentions..... Vous pouvez emprunter à » quatre. » (Ce qui portoit le cinq pour cent à 125, et le quatre pour cent à 100.)

En prenant le terme moyen des calculs du ministre, il est évident que, si lui-même n'eût point effrayé les capitalistes de ses projets de conversion et de réduction, la rente 5 pour cent auroit pû être négociée à cent quinze ; et conséquemment la rente 4 pour cent, si on eût voulu absolument reduire le titre de la rente, eût pu être placée à quatre-vingt-douze.

Si le ministre qui savoit très-bien (et ses paroles solennelles de 1824 en font foi) quand il négocioit en juillet 1823 vingt-trois millions de rente 5 pour cent à 85 francs, valeur réduite au comptant, qu'en peu de temps cette rente dépasseroit son pair nominal; si ce ministre, comme tout lui en faisoit un devoir, avoit attendu la fin de la guerre d'Espagne et l'ouverture de la session pour négocier cet emprunt, il auroit pu certainement, sans nuire aux droits inviolables des rentiers créanciers de l'Etat, se passer la fantaisie de changer le titre de la rente de 5 en 4 pour cent, en donnant pour base à son projet la conversion préalable, dans ce sens, des vingt-trois millions de rente de l'emprunt.

Quant à ce qui regarde les vingt-trois millions, M. de Villèle qui sans doute a prévu le reproche qu'on pourroit lui faire de n'en avoir pas retardé la négociation, s'est empressé de dire qu'il étoit lié par les lois de l'Etat. Nous ne sachions pas qu'il y ait de loi qui impose au ministre des finances l'obligation de négocier à telle époque plutôt qu'à telle autre. Dans tous les cas, comme nous l'avons

déjà dit, le ministre n'avoit qu'à avancer au
lieu de reculer l'ouverture de la session, et
même jusqu'à un certain point la fin de la
guerre d'Espagne ; et il auroit ainsi concilié
tous ses devoirs en les remplissant mieux à
la satisfaction générale.

Les vingt-trois millions de rente 5 pour cent
à négocier, pouvoient donc être convenablement réservés par le ministre pour entrer dans
l'exécution du projet de remboursement et
de réduction et conversion de la dette perpétuelle, qu'il méditoit au moment où il né-
gocia si précipitamment ces vingt-trois millions à un si bas prix.

Ce projet, au lieu d'agir seulement sur les
quatre cinquièmes de la dette publique, comme
M. de Villèle s'y étoit restreint, auroit eû pour
objet la réduction d'un cinquième de l'intérêt
sur toute la dette perpétuelle; et la caisse d'a-
mortissement, seul instrument convenable au
moyen duquel la rente puisse être utilement
modifiée, eût servi à opérer cette conversion
générale.

Voici de quels élémens cette opération auroit pu se former et quels résultats elle devoit
produire.

Les 23,114,516 francs de rente 5 pour cent,

qui, d'après les lois de crédit du 8 mars 1821,
du 1ᵉʳ mai 1822, du 17 août de la même année,
et du 17 mars 1823, avoient été votés pour
une somme totale de....... 387,054,093ᶠʳ.

Auroient donné 18,491,613
francs de rente 4 pour cent,
lesquels, au cours de 92 dont
il vient d'être parlé d'après
les faits existans et selon les
paroles même du ministre,
auroient représenté un capi-
tal de.................... 425,307,101

Différence en capital au
profit du Trésor, en outre
d'une réduction annuelle de
4,622,903 francs, ci....... 38,253,008

Les 33 millions de rente 5
pour cent, rachetés jusques-là
par la caisse d'amortissement, convertis en quatre,
auroient donné 26 millions
400 mille francs de rente 4
pour cent, lesquels négociés
ou remis aux porteurs de
rente 5 pour cent, en rem-

boursement, au cours, du cinquième éteint, auroient représenté, à ce même cours de 92, un capital de........ 607,200,000^{fr}.

Plus un mois des quarante millions de la dotation annuelle de la caisse d'amortissement, spécialement affecté à l'opération............. 3,333,333

TOTAL............. 648,786,341^{fr}

Lesquels auroient plus que suffi au remboursement du cinquième des 141 millions de rente 5 pour cent, formant avec les 23 millions de l'emprunt et les 33 millions de la caisse d'amortissement réduits comme il est dit ci-dessus, la totalité de la dette perpétuelle ; les 28,200,000 fr. de rente 5 pour cent représentant ce cinquième, au cours de 115, donnant un capital de............... 648,600,000

Ainsi, sans blesser aucun des droits acquis.

sur la foi publique, en remboursant au porteur de la rente le capital correspondant à la
partie réduite de l'intérêt, valeur du cours
du jour, et comme s'il avoit vendu un cinquième de sa rente à la Bourse, l'opération
auroit eu pour résultat nominal de changer
le titre de la rente de cinq en quatre pour
cent, et pour résultat effectif de présenter
réellement, sur les 197 millions de rente de
la dette perpétuelle, une réduction annuelle
de 39 millions 400 mille francs, qu'on auroit
pu employer, en partie, si on l'eût jugé convenable, à restituer à la caisse d'amortissement les 33 millions dont l'opération l'auroit
dessaisie, en partie à d'autres besoins publics.

Comme nous ne partageons point l'opinion
de M. de Villèle sur la nécessité qu'il y a,
selon lui, à changer le titre de la rente, attendu que dans le fait le titre de la rente ne
peut être considéré que comme un moyen
d'en calculer la valeur, mais n'en fait pas la
valeur, et que son véritable prix c'est le cours,
puisque des 5 pour cent à 125 doivent produire les mêmes effets que des 4 à cent et des 3
à soixante-quinze, on sent bien que nous ne
donnons ici nos calculs que comme objets de
comparaison. Nous avons seulement voulu

démontrer combien il étoit facile à un ministre, qui n'auroit eu d'autre objet que de
mettre franchement à exécution des idées de
réduction et de conversion de la rente, de le
faire d'une façon plus simple, et tout ensemble plus juste, plus morale, plus utile à l'Etat,
et nullement favorable à l'agiotage.

Mais ne seroit-ce pas précisément cette dernière considération qui auroit influé sur la
naissance funeste de combinaisons contraires
à la justice et à la morale, non moins que ruineuses pour l'Etat et fatales au crédit, et
imaginées en vue de quelques exigences pressantes qu'il falloit satisfaire à tout prix! Un
narré succinct du mal imposé à l'Etat et au
public par les résultats amers du projet ministériel, ne nous mettra que trop sûrement
sur la voie de cette douloureuse vérité. L'effet
bien connu d'une chose, nous ne saurions trop
le répéter dans le cours d'un ouvrage de la
nature de celui-ci, sert toujours merveilleusement à signaler la cause qui l'a produit.

Le projet ministériel, péniblement devenu
loi exécutoire, consacre légalement la nécessité d'une perte réelle pour l'Etat, en impo-
sant à la caisse d'amortissement l'obligation
de priver du bienfait du rachat la rente cotée

au-dessus de son pair nominal et de racheter exclusivement celle qui seroit au-dessous. Comme le pair nominal est le même pour le 3 que pour le 5, il en est résulté, lorsque, par exemple, le 5 pour 100 étoit à 102 et le 3 à 75, que 100 francs employés sur les 3 pour 100 n'ont produit qu'un rachat de 3 francs et un tiers de rente, tandis qu'employée sur les 5, la même somme auroit produit un rachat de 5 francs de rente.

Les sommes ainsi dévorées par cette désastreuse opération, ne laissent pas que d'être considérables; et ce qu'il y a de plus affligeant, c'est que le mal n'ait pas même été arrêté dans les limites que lui avoit fixées la loi, c'est-à-dire que depuis que la rente 5 pour 100 est tombée au pair nominal et même au-dessous, l'amortissement ait poursuivi exclusivement sur le 3 pour 100 le cours de ses rachats onéreux à l'Etat et contraires au but de son institution, qui est de racheter le plus de rente possible.

Cette protection arbitraire, accordée par l'administration des finances à une opération déjà fort ruineuse dans les conséquences naturelles résultant de la loi, s'est fait remarquer à une foule d'autres signes non moins fâcheux,

et que les divers journaux de l'opposition ont
assez fait connoître. Sans essayer de reproduire ici la liste trop nombreuse des actes
auxquels le ministère s'est livré, en violation
des règles les plus sacrées, pour porter secours
à son 3 pour 100, condamné à mort dès sa
naissance par le bon sens du public, nous
arrêterons seulement nos regards sur cette
malheureuse institution de receveurs-généraux
réunis en compagnie bursale, prêtant au 3 pour
100 ministériel l'appui de son argent, de son
crédit et de son influence financière.

Nous nous sommes déjà exprimés sur le
syndicat, de manière à démontrer combien
son influence a été défavorable aux localités
départementales, en offrant un moyen commode à l'argent des provinces de venir affluer
dans la capitale, selon l'impulsion que cet
argent avoit préalablement reçue dans ce sens,
de la mesure ministérielle relative à l'exécution
subite de la loi sur les intérêts ; et le tort que
cette bizarre société a fait à l'agriculture, à
l'industrie et au commerce, a été l'objet d'assez
justes réclamations, pour que nous puissions
nous dispenser d'ajouter à cet égard à la conviction publique. Mais un point de vue sous
lequel le syndicat des receveurs-généraux n'a

pas été considéré , au moins que nous sachions, c'est celui de sa légalité ; et c'est ce que nous allons faire.

Nous voulons bien croire que dans le moment même où il ordonnoit à l'improviste la mise à exécution sur tous les points du royaume (Paris excepté) de la loi du 3 septembre 1807 sur les intérèts, le ministère ne prévoyoit point qu'il alloit mettre le syndicat en situation de tomber dans le délit d'usure, réprimé par cette loi ; et cependant tel a pu être le cas du syndicat, destiné à se faire payer des reports à la Bourse, qu'assez souvent on a vus dépasser le taux légal, et constituer ainsi le prêteur en l'amende, et même en la prison, pour peu qu'il eût aidé à provoquer la nécessité de cet excès d'intérêt. Cette position du syndicat exposé à se voir traduit devant les tribunaux correctionnels comme prêteur à la petite semaine, ne laisse point que d'être fort délicate ; mais du moins ici le délit qui peut en résulter dépend-il d'un fait éventuel. Il n'en est pas ainsi sous un autre rapport, bien autrement important, celui de sa propre origine. En effet, cette origine est frappée de réprobation par l'article 419 du Code pénal, qu'il est bon de rapporter ici :

» *Tous ceux qui*, par des faits faux ou ca-
» lomnieux, semés à dessein dans le public,
» par des sur-offres faites aux prix que deman-
» doient les vendeurs eux-mêmes, *par réunion*
» *ou coalition entre les principaux détenteurs*
» *d'une même marchandise ou denrée*, ten-
» dant à ne la pas vendre, ou à ne la vendre
» qu'à un certain prix, ou qui par des voies
» ou moyens frauduleux quelconques, *auront*
» *opéré la hausse ou la baisse du prix* des
» denrées ou marchandises, ou *des papiers*
» *ou effets publics au-dessus ou au-dessous*
» *des prix qu'auroit déterminés la concur-*
» *rence naturelle et libre du commerce, seront*
» *punis d'un emprisonnement d'un mois au*
» *moins, d'un an au plus, et d'une amende*
» *de cinq cents francs à deux mille francs. Les*
» *coupables pourront de plus être mis, par*
» *l'arrêt ou le jugement, sous la surveillance*
» *de la haute police pendant deux ans au*
» *moins et cinq ans au plus.* »

Et de quel poids cet article si précis contre
le syndicat, qui n'a dû son existence qu'au
besoin de prêter secours au 3 pour 100 ministériel, ne s'aggrave-t-il pas encore par la coïncidence des articles 421 et 422 du même Code ?

6

« Art. 4₂1. Les paris qui auront été faits
» sur la hausse ou la baisse des effets publics,
» seront punis des peines portées par l'art. 419. »

« Art. 4₂₂. Sera réputée pari de ce genre,
» toute convention de vendre ou de livrer des
» effets publics qui ne seront pas prouvés par
» le vendeur avoir existé à sa disposition au
» temps de la convention, ou avoir dû s'y
» trouver au moment de la livraison. »

Tout complice d'un délit est réputé l'avoir
commis. Or que fait à la Bourse le prêteur du
report, c'est-à-dire celui qui, moyennant
salaire, avance au joueur en hausse ou en
baisse, de quoi payer à la fin du mois, la différence en perte sur le marché fictif que le
joueur a contracté, que fait-il autre chose
qu'alimenter le pari réprouvé par l'art. 4₂1 et
suffisamment caractérisé par l'art. 4₂₂?

Et qu'est en définitive le syndicat des receveurs-généraux, qu'une éminente coalition
formée en contravention avec l'article 419, à
l'effet d'opérer la hausse d'un fonds public
au-dessus des prix qu'auroit déterminés la
concurrence libre et naturelle du commerce?

On nous objectera peut-être l'impunité qui

jusqu'à présent a couvert d'un voile officieux
de pareils délits commis depuis long-temps à
la Bourse avec une espèce de concurrence et
une entière publicité, et qu'au bout du compte
le syndicat n'est pas plus coupable que ceux
qui, soit individuellement, soit par masses,
l'ont précédé dans la même carrière, surtout
que le ministre qui l'y a poussé. Nous ré-
pondrons que l'impunité n'est pas l'innocence,
et que l'inexécution d'une loi n'ôte rien à la
force de l'obligation qu'elle impose, et dont
chaque citoyen peut invoquer l'accomplissement.

Supposons qu'une victime de ces coalitions
et de ces prêts sur pari, qui ont organisé à la
Bourse toutes les misères et tous les désordres
de l'agiotage, vînt à porter une plainte juri-
dique contre les auteurs du dommage qu'elle
auroit souffert; M. le procureur du Roi pourroit-il ne pas recevoir la plainte? ne devroit-il
pas s'empresser d'y donner suite? une instruction sévère ne s'instruiroit-elle pas sur les
délits dénoncés? et la justice des tribunaux qui
s'est déjà signalée à ce sujet autant qu'elle pouvoit le faire dans des procès purement civils,
manqueroit-elle à la répression de ces délits?
Devant cette justice si noblement indépen-

dante, le ministère le sait, le plus foible peut
se présenter hardiment contre le plus fort ; car
une telle justice n'est autre, que la loi religieusement appliquée, et tous les Français
sont égaux devant elle. .·.......... Avis aux
victimes.

Si un pareil débat vient à s'ouvrir devant
les tribunaux correctionnels, ou bien même,
avant qu'une pareille plainte y soit introduite,
le blâme public n'aura-t-il pas marqué, et la
justice des Chambres n'aura-t-elle pas de quoi
atteindre ce ministre, qui, ayant le devoir de
prévenir, n'a fait qu'augmenter le désordre ;
qui a organisé la Bourse en une vaste machine
d'agiolage, et qui a fait de cette machine de
destruction, l'instrument exclusif du mouvement des affaires publiques ? En effet, tout est
venu s'y rapporter et y recevoir une vie débile :
les finances, la politique, l'administration, et
jusqu'à ces actes de haute réparation et d'éminent esprit social, destinés par le principe
conservateur qui les avoit imposés au ministère, à rasseoir la société sur les bases sacrées
de la justice et de la morale, mais qui, gâtés
par les conséquences viciées que leur a données
le système agioteur, n'ont produit qu'une
perturbation de plus dans l'ordre public.

CHAPITRE VI.

De la loi d'indemnité.

CETTE loi si grande par son principe qui
est la justice , par son objet qui étoit de rendre
au droit social de propriété toute sa splendeur,
par ses conséquences qui devoient restituer à
l'ordre politique toute sa fixité, soumise à des
règles étrangères à son principe et contraires
à son objet, a dû et ne devra produire que des
résultats opposés à ceux qu'en espéroient les
amis de l'ordre.

Il nous sera permis sans doute de rappeler,
que c'est nous qui, si nous pouvons nous
exprimer ainsi, avons familiarisé avec l'idée
de cette mesure réparatrice qui paroissoit
absolument être en dehors de nos lois et de
nos espérances, et la masse de ceux qui pouvoient y être indifférens, et ceux qui, par
esprit de parti, étoient les adversaires des

principes dont elle étoit appelée à faire germer les généreuses conséquences, et ceux-là dont elle devoit consoler les douleurs. L'habitude de l'injustice soufferte sembloit lui avoir donné droit de prescription, dans la pensée même de ses victimes.

Quelque méritoires qu'eussent été dans un temps antérieur les efforts de quelques écrivains généreux, pour procurer à la morale méconnue, au bon droit outragé, une juste satisfaction, les choses étoient dans cet état de découragement, d'abandon, et presque d'oubli, lorsqu'après les plus mûres réflexions, nous nous décidâmes, en 1821, à lever l'étendard des réclamations constitutionnelles et légales contre l'Etat, au nom des émigrés et des autres Français dépossédés par voie de confiscation révolutionnaire.

La rumeur fut grande parmi les partisans de la révolution, attaquée dans son dernier retranchement; le ministère d'alors, dont MM. de Villèle et Corbière faisoient partie, comme membres délibérans, en éprouva un sensible déplaisir (cette levée de boucliers dérangeoit trop le fatal système de bascule); et la fidélité malheureuse applaudissoit à notre courageux élan, sans oser croire à notre succès.

Calomniés à la tribune de la Chambre des Députés par un conseiller d'Etat et par un représentant des cent-jours, devenu depuis insupportable à la Chambre qui l'a exilé de son sein ; en butte à tout l'arbitraire de la censure ministérielle, qui, après avoir autorisé la plus longue et la plus virulente attaque dans un journal du côté gauche, ne voulut point nous permettre, pour la défendre, la plus courte réponse, la plus simple explication, notre doctrine devoit triompher, parce que telle sera toujours la destinée de toute idée vraie, que l'on aura fortement résolu de soutenir avec persévérance.

Jusques-là on avoit présenté la question de l'indemnité, plutôt comme un objet de morale que comme une question de droit, comme un acte d'équité à invoquer et non comme une action judiciaire à suivre, et bien plus à titre d'exception, et en quelque sorte de faveur, qu'à titre légal et de rigoureuse justice. L'*Association constitutionnelle pour la défense légale des intérêts légitimes*, fondée par nos soins et maintenue par nos travaux, eut pour objet de réclamer de l'Etat, comme chose constitutionnellement et légalement due, et par toutes voies de droit, s'il le falloit, la restitution, à

titre de justice, et par conséquent entière, en
nature, et à défaut, en argent, de tous les
biens révolutionnairement confisqués. Les
principes de l'Association proclamés et sou-
tenus par tous les efforts du zèle le plus constant, développés dans un ouvrage, où tous
les moyens de la réparation sont déterminés,
où toutes ses conséquences sont prévues[1], ont
fait germer dans les esprits, au sujet de l'importante question de l'indemnité, des idées
de droit rigoureux et de justice légale, qui
insensiblement sont devenues assez puissantes
pour imposer au ministère, qui n'en vouloit
pas, la nécessité de les consacrer par une loi,
à une époque plus ou moins éloignée.

M. de Villèle contraint à s'occuper d'un acte
de réparation, qui n'a jamais été selon son
cœur, et pour lequel nous croyons pouvoir
donner l'assurance qu'il n'a pas craint de manifester de l'éloignement, depuis qu'il est
ministre, M. de Villèle s'en est occupé à sa
manière ; et tout porte à croire que les réclamations les plus justes et les plus pressantes

[1] *De la Nécessité et de la Légalité de demandes en Indemnité*, etc., par M. SARRAN. 1 vol. in-8°. Au Bureau de l'*Association constitutionnelle pour la défense des intérêts légitimes*, rue
de Choiseul, n° 8.

n'auroient point suffi à l'engager, au moins de
sitôt, dans cette apparence même de justice,
s'il n'avoit jugé qu'elle pouvoit lui être de
quelque utilité pour le succès de ses combinaisons d'agiotage.

Dans la loi d'indemnité, M. de Villèle n'a
vu en effet ni le bon droit à satisfaire, ni la
fidélité malheureuse à consoler, encore moins
le droit de propriété à restaurer et l'ordre
politique à raffermir; il n'a vu que trente
millions de rente 3 pour 100 à jeter à la
Bourse, pour donner quelque consistance à
ses projets de conversion, et arrondir un
peu ses opérations de revirement. Cette loi
d'ailleurs si astucieusement unie à la loi de la
conversion, pouvoit au besoin assurer le
succès de celle-ci, au moyen de quelques
votes émis en considération de celle-là; et
cette espérance avoit dû être suffisante pour
déterminer le ministre.

Mais en résultat, la loi d'indemnité qui
devoit être une loi principale, une loi de
restauration pour le saint droit de propriété,
une loi fondamentale de l'ordre social, ne fut
plus qu'un misérable moyen d'agiotage; dans
cette position dégradée, mal conçue dans son
esprit, incertaine dans les règles qu'elle pose,

plus incertaine encore dans son exécution, elle n'a offert aux yeux des victimes qu'une chétive charité péniblement faite, et à ceux de la multitude qu'un privilége dispendieux en faveur de quelques uns.

Nous réclamions de l'Etat (et malheureusement nous sommes forcés de réclamer encore), au nom et pour le compte des spoliés de la révolution, réparation pleine et entière à raison des biens dont ils ont été révolutionnairement dépouillés. La loi consacre bien que l'indemnité est due, et qu'elle est due par l'Etat, ce qui entraîne la conséquence, non pas d'une restitution à titre de grâce, et par conséquent restreinte à la volonté de celui qui restitue, mais bien d'une restitution à titre de justice, conséquemment entière et indépendante, dans sa forme et dans sa quotité, du caprice du débiteur : mais bientôt, au lieu d'appliquer au principe toutes les conséquences qui en dérivent, on voit cette loi déterminer la quotité de la restitution, comme si elle étoit de faveur, et afin sans doute de justifier de quelque manière une telle inconséquence, décorer du nom de lois les actes révolutionnaires, au moyen desquels les spoliations ont été commises, reconnoître à ces actes spoliateurs et régicides

la légitimité de la loi, enfin dans une loi qui
devoit être toute de réparation et de redressement, consacrer en droit l'autorité de la
révolution qui s'est emparée à la fois et du
trône et des propriétés, et en fait, la justice
des peines qu'elle a décernées contre le Roi
et contre les propriétaires dépouillés.

Et que l'on ne croie pas que nous soyons
trop rigoureux dans cette conclusion, et que
nous tirions un parti trop sévère de la qualifi-
cation de lois, attribuée dans le titre et dans
plusieurs articles de la loi d'indemnité, aux
actes illégitimes dont nous parlons. Si cette
énonciation a posé le principe de la légitimation de ces actes par la dernière loi, d'autres
dispositions de cette même loi sont venues
confirmer l'autorité du principe posé, en établissant commé règles diverses conséquences
qui en dérivent.

Si l'on avoit voulu faire une application
exacte, exclusive., du grand principe écrit
dans la loi, mais chose à remarquer, introduit
par amendement, que l'indemnité étoit due
et étoit due par l'Etat, il n'y avoit plus à dé-
libérer sur la quotité de la restitution, qui
devoit équivaloir à la quotité de la spoliation
soufferte ; mais du principe tout-à-fait op-

posé, primitivement proclamé dans le projet
ministériel et conservé dans la loi votée, de
la légalité, de la légitimité des actes révolutionnaires sur la confiscation des biens, devoient sortir ces conséquences si discordantes
qui ont introduit dans les articles 2 et 3, l'autorité des lois du 12 prairial an III de la république, du 5 messidor an V, du 9 floréal an III,
comme devant servir de base à la fixation
de l'indemnité, dont nonobstant ces bases
même, la quotité n'est pas moins arbitrairement ,
fixée, dans l'article premier, à un milliard ,
cette valeur capitale étant en outre elle-même
subordonnée à ce que les 3 pour cent de rente
soient négociés au pair à la Bourse... Quelle
confusion de principes! Quelle dérision des
droits les plus saints ! Quel sacrilége bouleversement de toutes les convenances légales !

La loi consacre-t-elle le principe d'une restitution de justice, selon ce qu'elle dit de l'*indemnité due par l'État?* Dans ce cas, l'objet
de la loi est une restitution entière, un rem-
placement, aussi complet et aussi exact que
possible, de la chose enlevée, une réparation aussi bien faite que les circonstances peuvent le permettre, de l'injustice reçue. Il n'y
a plus ici un État qui commande et des sujets

qui se conforment à ses décisions ; il ne reste plus qu'un débiteur qui paie , et des créanciers ayant le droit de recevoir ce qui leur est dû. Dans l'hypothèse de ce principe, la seule compatible avec l'intérêt du trône, l'ordre social tout entier , la seule qui soit en harmonie avec les intentions bien connues de ceux qui ont voté la loi , et du Roi au nom de qui les ministres l'ont proposée à leur manière, la loi telle qu'elle est avec ses dispositions arbitraires sur la somme et sur la forme du paiement, ne présente plus que l'image d'une banqueroute déclarée, puisque l'Etat se reconnoissant débiteur et se trouvant en situation de payer , après avoir restreint à une somme par lui arbitrairement fixée , le montant de la dette , n'acquitte encore cette somme qu'au moyen d'un papier qu'il oblige ses créanciers à recevoir en compte pour une valeur au-dessus de sa valeur réelle.

La loi au contraire , d'après l'autorité légale et obligatoire qu'elle reconnoît aux actes révolutionnaires portant confiscation des biens et d'après les limites qu'elle pose à la quotité de la restitution , ordonne-t-elle seulement une restitution de grâce ? Mais alors, si d'une part les individus , et il en est jusque dans le rang le plus élevé, frappés par les actes si étrange-

ment légitimés de la révolution, sont considérés
comme coupables par la loi de la légitimité qui
donne puissance de lois à ces actes, d'un autre
part aussi l'Etat n'est plus débiteur comme dans
l'hypothèse de la justice, et la loi dite d'indemnité n'est plus dans cette supposition qu'un acte
de munificence publique que la multitude, par
une conséquence naturelle, peut trouver un
peu trop coûteuse, et considérer comme un
privilége intolérable et onéreux pour l'Etat.

L'incertitude qui règne dans les principes
de la loi, où l'on voit dominer et se combattre
deux esprits, tout-à-fait opposés, l'esprit ministériel et l'esprit des Chambres, et les contradictions qui se font remarquer entre la plu-
part des moyens qu'elle emploie et une partie
des principes qu'elle proclame, ont de fait et
réellement placé la loi dans cette dernière
catégorie. De là de mauvais résultats dans
l'exécution et les trop justes plaintes de ceux
dont une franche application du seul véritable
principe de la loi, du principe de justice, devoit satisfaire les intérêts légitimes; de là aussi
les récriminations assez bien fondées de ceux-
là qui, ne voyant qu'une faveur accordée à
quelques uns, demandent, non sans quelque
raison, dans cette hypothèse où la justice dis-

paroît, pourquoi cette munificence, ou bien pourquoi d'autres y resteroient étrangers.

Chaque jour fera mieux ressortir encore les vices de la loi telle qu'elle est, en offrant le tableau successif de ses tristes résultats, et démontrera de plus fort la nécessité d'une loi telle qu'elle devoit et qu'elle doit être, pour produire tous les biens dont elle seule peut doter la France.

Le principe de cette loi, plus essentiellement encore s'il est possible qu'en toute autre loi, c'est la justice; son but, une éclatante réparation donnée à ce qui, moralement et matériellement parlant, fait la force des sociétés, la morale publique outragée, le saint droit de propriété violé par des actes injustes au fond, illégaux dans la forme, privés qu'ils étoient de la présence du pouvoir qui seul, dans le fait comme dans le droit de notre ordre politique, avoit qualité pour leur imprimer le caractère et leur donner l'autorité obligatoire de la loi, et subversifs de cet ordre politique, puisque c'étoit contre le pouvoir légitime même qu'étoient principalement dirigées leurs attaques séditieuses; son moyen, une restitution, aussi entière et aussi exacte que le permet le respect dû à d'autres droits, de tout ce qui fut illégalement confisqué par l'exécution arbitraire des actes illégaux dont il vient d'être parlé, de telle sorte que les victimes de ces confiscations illégales, de ces véritables spoliations, rentrent, autant qu'il peut dépendre de l'Etat, dans la même position où elles se seroient trouvées par rapport à leurs biens au moment de la restauration du pouvoir légitime, si la violence de ces spoliations ne les avoit frappées sous le régime révolutionnaire.

Lorsqu'on s'occupera de reviser dans ce sens la loi dite d'indemnité, l'Etat n'aura point à déterminer la quotité des sommes qu'il veut payer à ses créanciers, mais bien le montant des sommes qu'il peut lui payer sur celles qu'il leur doit. S'il peut payer le tout, et nous pensons que les moyens sont loin de lui manquer pour cela, le paiement intégral aura lieu sans remise.

Ce paiement intégral se compose, non du remboursement des sommes que l'Etat a perçues comme prix des biens qu'il a vendus à son profit, mais du prix de ces biens, valeur du moment où le pouvoir légitime reprenant l'empire là où il n'avoit cessé d'avoir l'auto-

rité et faisant cesser par sa présence l'empê-
chement de fait qui jusques-là avoit pesé sur
les droits des spoliés, l'Etat a dû rendre aux
spoliés ou leurs biens, ou bien à défaut, et
dans le cas d'exception ordonné par l'art. 11
de la Charte au sujet des biens vendus, la
valeur de ces mêmes biens, autrement dit,
l'Etat leur a dû l'indemnité préalable attribuée
par l'art. 10 à tous propriétaires à qui l'Etat
impose le sacrifice de leurs propriétés pour
cause d'intérêt public.

Le pouvoir légitime, ayant par la Charte
et plus positivement par la déclaration de
Saint-Ouen, maintenu, pour cause d'intérêt
public, l'irrévocabilité des ventes des biens
nationaux faites jusqu'à l'époque de la restauration, a donné aux propriétaires de ces biens
l'Etat pour débiteur du prix de ces mêmes
biens, que ceux-ci, par le fait de cette disposition constitutionnelle, n'ont plus eu la faculté
de revendiquer en nature sur les détenteurs
actuels, comme ils l'auroient fait, lors de la
restauration du pouvoir légitime en vertu de
leurs droits toujours subsistans de propriétaires, seulement jusques-là suspendu dans son

exercice par la violence, si les déclarations
royales n'étoient venues changer la nature de
leur action. Dès ce moment, les propriétaires
des biens dont l'Etat disposoit, pour cause
d'intérêt public, bien légalement constaté,
puisqu'il l'est par deux actes fondamentaux,
ont été investis d'une action de droit, du titre
nécessaire pour en poursuivre la restitution
en argent contre l'Etat ; et ce titre est im-
prescriptible comme la justice, cette action
est inviolable comme ce qui est de droit. On
aura beau demander et obtenir des lois qui
s'élèveront contre la légitimité de ce droit ;
les lois passeront, et le droit restera, parce
que ce qui est injuste ne sauroit vivre, et ce
qui est essentiellement juste ne sauroit périr.

Vous aurez beau faire ce que vous appelle-
rez des lois ; si ces lois ne règlent point l'action de la justice, si là où elles sont appelées
à reconnoître des règles et à les consacrer,
elles imposent des exceptions, vos lois se feront obéir parce que la force sera présente pour
les appuyer, mais elles ne convaincront personne, parce qu'elles ne proclameront pas le
droit ; et l'avenir toujours maître de revenir
à la règle, demain peut-être les aura rayées du

livre de vie. Des lois de cette espèce sont essentiellement provisoires, et ne durent que la circonstance qui les fait naître.

Ne voyons-nous pas en effet la loi d'indemnité suivre les tristes destinées de ce malencontreux 3 pour cent auquel M. de Villèle l'a
si misérablement liée? Lorsqu'on s'occupera
de remédier au mal qu'une telle anomalie a dû
produire, et qu'on aura senti la nécessité de
faire porter à une loi de justice tous ses fruits,
nous nous empresserons de donner à nos idées
sur ce grave sujet tout le développement dont
elles sont susceptibles. Transformer une loi
de haute réparation et qui touche jusques dans
leurs racines aux parties les plus nobles de notre
ordre politique, en une loi d'exception, c'est
ouvrir la porte aux plus dangereuses inconsé-
quences et faire un appel à tous les malheurs
publics et privés qui doivent en provenir. Les
hommes qui auront intérêt à méconnoître tout
ce qu'il y a de sage et de prévoyant dans nos
opinions à cet égard, ne manqueront pas de
dire que nous voulons tout remettre en question ; ils nous traiteront de fanatique, de bou-
te-feu, de réactionnaire, parce que nous in-
voquons les droits sacrés de cette justice dont

on se déshabitue tous les jours; lorsque le temps aura fait mûrir la vérité de nos paroles, on trouvera que celui-là seul aura été modéré, qui aura demandé qu'avant tout on fût juste.

CHAPITRE VII.

De Saint-Domingue.

DANS la question de l'indemnité due par l'Etat aux Français spoliés par les actes révolutionnaires sur la confiscation des biens, le ministère a provoqué une loi contraire au but que veulent atteindre et le Roi au nom de qui elle a été proposée et ceux qui l'ont votée ; dans la question aussi importante et bien autrement compliquée de l'émancipation de Saint-Domingue, il a cru pouvoir se passer de loi. Avoit-il le droit de disposer à la fois et de la souveraineté de cette île et de la propriété de sujets français? C'est ce qu'il importe d'examiner.

Ceux qui se sont prononcés pour l'affirmative, écrivains libéraux ou ministériels, ont appuyé leur opinion sur les doctrines du gouvernement de fait. Ils ont dit qu'au moment

où l'ordonnance d'émancipation a paru, et depuis long-temps, Saint-Domingue *n'appartenoit plus* à la France, que le Roi avoit à l'égard de cette colonie, non un droit à exercer, mais seulement une *prétention* à faire valoir; et que la république d'Haïti, ayant une constitution, des lois, une existence politique, étoit, indépendamment même de toute reconnoissance, une *puissance étrangère* avec laquelle le Roi de France avoit fort bien pu . traiter.

Ces doctrines reçoivent sans doute beaucoup d'autorité de l'assentiment du *Moniteur;* et la proclamation du président Boyer, où il est positivement question de l'existence politique d'Haïti comme d'un droit antérieur de vingt-deux ans à l'ordonnance d'émancipation, où il est parlé de cette ordonnance même comme d'une simple formalité, donne certainement à ces doctrines un mérite que nous n'essaierons pas de définir. Cependant malgré cette admirable coïncidence d'opinions et de sentimens entre la faction ministérielle et le chef de la république Noire, ou encore mieux à cause de ces belles choses sur lesquelles la révolution et nos ministres se trouvent si bien d'accord, nous prendrons la liberté de soumettre à nos ministres et à la révolution, quelques observations qu'ils ne sauroient manquer de prendre en bonne part; car dans l'hypothèse où les doctrines sur lesquelles la révolution et les ministres s'appuient de concert seroient vraies, ces observations auroient pour but d'én étendre, bien loin d'en restreindre l'application.

En effet, si les doctrines du gouvernement de fait doivent prévaloir dans cette question; si l'exercice du pouvoir constitue seul la souveraineté; si Haïti avant l'ordonnance du 17 avril avoit une existence politique, et le Roi de France une simple prétention contre cette existence; si, comme on semble avoir voulu le consacrer et par des proclamations et par des toasts officiels, et par des articles ministériels et par des apologies officieuses, l'indépendance de Saint-Domingue date, non pas de l'ordonnance de 1825, mais de la révolte qui arma des esclaves contre leurs maîtres et des Africains contre des citoyens français, à quoi bon l'émancipation déclarée par cette ordonnance? Dans ce système il n'y avoit plus qu'à signer avec Haïti un traité de puissance à puissance; ce qui seroit rentré dans la série des actes que les ministres peuvent conseiller au Roi, sous leur responsabilité.

Mais si le ministère n'a pas cru pouvoir sacrifier jusqu'à ce point les doctrines de la légitimité, c'est que probablement il a pensé, malgré tout le zèle de ses défenseurs à tenter la preuve du contraire, que ces doctrines conservatrices sont encore celles de notre gouvernement, et que les renier dans un acte signé de la main du Roi, seroit hors de son pouvoir. Le ministère n'a pu obtenir qu'un acte d'émancipation ; et il a essayé de le faire considérer comme un traité, afin d'esquiver, si faire se pouvoit, le grave reproche qu'on est fondé à lui adresser, en prenant l'acte pour ce qu'il est, d'avoir fait une cession de territoire et d'avoir disposé de la propriété de sujets français sans l'intervention d'une loi.

L'ordonnance du 17 avril, nonobstant tous les efforts que l'on a tentés, soit dans l'exécution, soit dans les apologies toutes révolutionnaires qu'on en a faites pour en dénaturer l'esprit et le caractère, ne peut être jugée que sous le rapport des doctrines du gouvernement de droit dont elle est empreinte ; elle n'est point un traité, elle est un acte d'émancipation : car dans les doctrines du gouver-

nement de droit, on conçoit à la rigueur qu'un
souverain émancipe ses sujets, comme un
père émancipe ses enfans ; mais jamais que
le souverain traite avec des sujets révoltés,
pas plus que le père avec des enfans rebelles.
Dans sa lettre comme dans son esprit l'ordonnance est donc un acte d'émancipation, portant cession d'une colonie française ; et il reste
seulement à résoudre la question déjà posée,
à savoir, si les ministres ont été autorisés à
céder une colonie par ordonnance.

On a établi une bizarre distinction : on a dit
qu'à la vérité l'intervention d'une loi étoit indispensable pour la cession d'une portion du
territoire continental, soumis au régime constitutionnel ; mais qu'une ordonnance suffiroit
pour la cession d'une colonie, subordonnée à
un régime différent.

L'article 73 de la Charte s'exprime ainsi :
« Les colonies seront régies par des *lois* et des
règlemens particuliers. » D'où l'on a inféré
avec juste raison, que dans les lois qui régi-
roient les colonies, on pourroit s'écarter des
principes et des institutions consacrés dans la
Charte ; mais d'où certainement l'on infé-
reroit à tort que les colonies sont soustraites

au régime légal. Ces lois et ces règlemens particuliers par lesquels les colonies sont régies,
supposent le droit régulier de protection,
au lieu de le détruire ; et lorsqu'on donne au
ministère des lois à exécuter et la charge de
faire des règlemens dans le sens de ces lois,
pour l'administration particulière des colonies,
ce n'est pas sans doute les autoriser à s'en défaire, c'est au contraire les engager à les ad-
ministrer sagement et leur imposer le devoir
de les conserver. Les colonies n'entrent-elles
pas d'ailleurs avec la métropole en commu-
nauté d'intérêts dans la loi annuelle du budget?
et le ministère ne compte-t-il pas dans la
catégorie de ses responsabilités un département de la marine et des colonies ?

Le ministère ne peut donc pas exercer, au
nom du Roi, sur les colonies un droit plus
particulier, ni plus direct, ni moins sujet à
la responsabilité dans son exercice, que celui
qu'il exerce sur la métropole. La longueur des
distances et les besoins particuliers des colonies, où se trouvent des esclaves à côté des
sujets, ont dû imposer la nécessité de réserver
pour celles-ci un mode de gouvernement en
rapport avec ces diverses considérations. La
souveraineté du Roi de France n'est pas un

droit moins sacré, un droit moins inaliénable au-delà qu'en deçà de l'Atlantique : ce droit est le même partout ; c'est seulement dans la manière de l'exercer qu'est la différence.

Il y a une distinction importante à faire entre ce qui est de gouvernement et ce qui est d'administration ; entre ce qui règle les rapports du souverain et des sujets et la mise à exécution de ces règles ; entre la loi et l'ordonnance.

Ce n'est pas trop sans doute que de placer dans la première catégorie l'acte par lequel un territoire est abandonné. Un acte aussi définitif est bien évidemment du ressort de la loi, destinée à régler tous les actes les plus décisifs de l'Etat. Dans notre antique constitution, que notre constitution actuelle a seulement modifiée dans les formes tout en conservant l'esprit national dont elle étoit animée, une loi portant cession de territoire, étoit une loi plus difficile à faire que les autres lois, et pour l'entière confection de laquelle on ne croyoit point toujours suffisante la volonté du souverain, exprimée dans toute la force et dans toute l'autorité des formes constitutionnelles, avec le concours des Etats-Généraux du royaume : le sentiment des peuples du ter-

ritoire cédé est quelquefois intervenu dans ces
décisions importantes. Dans le vrai, les peuples
semblent avoir le droit de prétendre de la part
de leur souverain à une protection ferme et
durable comme l'obéissance qu'ils lui doivent.
Ce principe de droit public qui a été plus
senti que raisonné, ne blesse, que nous
sachions, il satisfait pleinement au contraire
le droit politique et le droit naturel ; il établit
la juste différence qui existe entre le sujet et
l'esclave, et peut à lui seul constituer tout
l'esprit public d'une nation.

Le droit du souverain est l'image aussi parfaite que possible de l'autorité du père sur ses
enfans, laquelle est elle-même l'image relative
de l'autorité de Dieu sur ses créatures. Dans
les mœurs tyranniques du paganisme, on con-
cevoit cette autorité sous l'aspect absolu de la
puissance, plutôt que sous des formes de
bonté. Depuis l'établissement du christia-
nisme, qui, dans les familles comme dans les
Etats, a divinement introduit les véritables
lois de la nature et de la politique, on conçoit
qu'un père régisse ses enfans, mais non pas
qu'il puisse les vendre : tel est le droit de
nature. Un roi gouverne ses sujets ; mais son
autorité paternelle, toute de protection, ne

va pas jusqu'à la faculté de s'en défaire comme
d'une marchandise : tel est le droit politique.

Un père est contraint, au besoin, par la loi,
à exercer son droit de protection : un souverain ne peut pas être contraint de fait; mais il
l'est en quelque sorte de droit. Les doléances,
qu'aucune puissance au monde ne sauroit réprimer, sont aussi une action coërcitive. Les
colons dépouillés sans motif légitime de leurs
biens et de leur droit de cité dans le pays qui
les a vus naître et que féconda le génie de leurs
pères, les colons, dans nos formes actuelles de
gouvernement, n'ont-ils pas le droit d'élever
leurs plaintes jusqu'au souverain, d'en faire
retentir l'enceinte des deux Chambres, et ne
pourront-ils pas ainsi empêcher peut-être que
la loi ne leur ôte ce que l'ordonnance a tenté de
leur enlever? Que de considérations puissantes
n'ont-ils pas à faire valoir; et comment ces
considérations ne seroient-elles pas appréciées
par le Roi qui fait la loi, et par les Chambres
constitutionnellement appelées à prêter au Roi
l'assistance de leurs lumières pour la confection
de la loi ?

Lorsqu'à la suite de grands événemens politiques qui ébranlent les principes mêmes sur
lesquels les sociétés reposent, on se voit con-

traint de faire subir des exceptions doulou-
reuses à cette règle éminente qui veut que les
sujets ne puissent pas plus être séparés à tout
jamais de leur souverain, que les enfans de
leur père, il faut bien sans doute se soumettre
à la force qui commande ; mais la force n'est
pas le droit.

En résumé, le seul droit que le souverain
n'ait point, sauf le cas de force majeure, qui
malheureusement détruit, ou du moins sus-
pend tous les droits, est celui de cesser de
l'être sur la plus foible partie de population,
sur la plus petite parcelle de territoire, soumis à sa loi. Or, comment le ministère a-t-il
pu se croire autorisé à exercer un droit qui
peut être honorablement et nationalement
contesté au souverain, agissant dans toute la
majesté de sa puissance et dans toute la force
de son autorité? Comment a-t-il osé faire par
une ordonnance ce qu'en droit rigoureux, la
loi même, seule, et non accompagnée du
consentement de la population abandonnée, ne
sauroit produire avec une autorité suffisante?
Sous quelque point de vue qu'on examine
cette question, on la trouve toujours décidée
contre les prétentions du ministère. Veut-on

la juger par analogie aux droits de paix et de guerre, attribués au Roi, et par conséquent exercés par les ministres, sous leur responsabilité, on rencontrera encore la même solution sous une autre forme.

Le droit de paix et le droit de guerre sont régaliens. Toutefois, si dans une déclaration de guerre ou dans un traité de paix ou d'alliance il existoit quelque condition d'un sacrifice pécuniaire, les ministres, en vertu du droit attribué aux Chambres de voter l'impôt, devroient bien certainement leur demander l'octroi des sommes nécessaires à la libération de ce sacrifice d'argent. A plus forte raison le concours des Chambres est-il indispensable (en admettant seulement la question financière et sans songer à la question politique, bien plus absolue) lorsqu'il s'agit d'une condition portant cession de territoire, cause même de l'impôt, et qui est au revenu de l'Etat ce qu'est le capital d'une somme à l'intérêt qu'elle produit.

Un écrivain, dont toute l'opinion au sujet de là question qui nous occupe, repose sur les doctrines du fait, semble regretter que l'ordonnance du 17 avril ne puisse s'appeler

Charte d'Emancipation. « Le mot, dit-il, eût
» été excellent, s'il eût été constitutionnel.
» Les Rois de France, ajoute-t-il, ont déposé
» le 4 mai (on a voulu dire le 4 juin) 1814,
» la prérogative de donner des Chartes [1]. »

Le mot est constitutionnel ; seulement la
chose dont il s'agit, ne l'est pas.

L'ordonnance d'émancipation ne seroit point
inconstitutionnelle en ce sens qu'elle seroit
une Charte octroyée par le Roi. En proclamant
la Charte du 4 juin 1814, le Roi de France,
loin de renoncer au droit d'octroyer des
Chartes, a tout au contraire solennellement
consacré, par l'usage qu'il en a fait dans cette circonstance, ce droit inhérent à sa souveraineté.

Nous ne savons pas trop comment le Roi pourroit se décider à retirer à ses peuples les bienfaits que le Roi leur a octroyés ; mais rien ni
dans la lettre, ni dans l'esprit des institutions
dont les principes ont été établis par l'acte
de 1814, ne le prive de la faculté souveraine
d'en octroyer de nouveaux. La Charte du
4 juin 1814, liée par le Roi, qui l'a octroyée

[1] *De l'Émancipation de Saint-Domingue*, par M. DE SAL-
VANDY.

au moyen du libre exercice de son autorité royale, aux souvenirs historiques des chartes ou ordonnances de réformation, successivement proclamées par Louis-le-Gros, Saint Louis, Philippe-le-Bel, Louis XI, Henri II, Charles IX et Louis XIV, appelle, bien loin de repousser dans l'avenir, le besoin de nouvelles chartes que pourroient exiger éventuellement une nouvelle direction imprimée aux esprits, et les graves altérations qui en seroient résultées pour les formes de gouvernement.

Il n'est qu'une chose à laquelle le Roi ne puisse raisonnablement toucher, c'est le principe même de son droit de sŏuveraineté, hors duquel son autorité pourroit être contestée. Cette majesté, cette autorité royales, émanation et image aussi parfaite que l'humanité puisse le permettre, de la majesté et de l'autorité divines, ne peuvent être dénaturées dans leur essence, inviolable, sacrée, souveraine enfin, sans ôter aux Etats le principe le plus vivifiant et le plus pur de leur force et de leur durée; elles veulent seulement être modifiées dans l'exercice du pouvoir qui s'y rattache, selon les nécessités successives des temps, par les formes de gouvernement le mieux appropriées

à ces-nécessités, et au moyen desquelles les
Rois puissent le plus convenablement être
instruits des besoins de leurs sujets, et mis
en garde contre l'ignorance ou la perfidie de
ceux qui essaieroient do les égarer dans le
devoir qui leur est imposé par Dieu même,
leur juge et leur appui, et dans le droit
qu'ils ont aux yeux des hommes, de conduire
les peuples dans la voie de la sagesse et de la
félicité publique.

Le Roi qui se croit appelé par les nécessités
de l'époque à octroyer une Charte nouvelle ,
doit surtout se souvenir que son premier devoir envers ses peuples (telles sont les expres-
sions de Louis XVIII dans le préambule de la
Charte de 1814) est de conserver, pour leur
propre intérêt, les droits et les prérogatives
de sa couronne.

Ce n'est donc point parce que le Roi n'auroit
pas le droit de donner de nouvelles chartes ,
que l'ordonnance du 17 avril ne peut prendre
le titre et le caractère d'une charte ; c'est
parce qu'il est impossible de trouver le motif
ou la matière d'une charte dans ce qui fait
l'objet de cette ordonnance.

Une charte royale est essentiellement et
exclusivement constituante ; elle est de régime

national ; elle énonce des principes et des institutions de gouvernement et des règles toutes applicables à l'avenir de l'Etat. Or l'ordonnance du 17 avril détruit, bien loin de rien édifier : elle ne constitue rien ; elle a lieu pour un fait qui, par le résultat de l'ordonnance même, est rendu absolument étranger à la nation ; elle soustrait une partie de la population, une portion du territoire, aux lois du pays. Ce n'est point un bienfait que le souverain accorde, c'est une mesure onéreuse pour l'Etat, et plus particulièrement pour un nombre quelconque de sujets, mesure qui a été conseillée au Roi par ses ministres, et qui tombe ainsi dans le domaine de la responsabilité ministérielle : ce qui n'est pas essentiellement de bienfait, ce qui n'est point constituant, ce qui de sa nature est sujet à contestation, n'émane point directement du Roi qui ne peut produire que le bien et ne sauroit proclamer que des actes essentiellement au-dessus de toute contestation.

L'ordonnance du 17 avril ne peut donc jamais être considérée comme une charte octroyée par l'effet immédiat de la volonté royale : l'ordonnance du 17 avril n'est point

une charte d'émancipation ; elle reste ordonnance royale, et par son titre et par les formes
dans lesquelles elle a été rendue, et par le
rapport ministériel qui lui a servi de base, et
qui à lui seul impliqueroit la responsabilité.

D'un autre côté, un acte qui porte cession de
territoire et délaissement d'une partie des
sujets, plus important encore que l'acte en
vertu duquel on vote l'impôt, par ce motif et
par toutes les autres considérations que nous
avons développées, ne sauroit être suffisamment exprimé en la forme d'une ordonnance.

Sous quelque point de vue que l'on considère
l'ordonnance du 17 avril, cet acte est nul
selon notre droit politique, et la question
qu'il a eue pour objet de décider, reste tout
entière, pour être livrée à la libre discussion
des Chambres, sans préjudice de la grave
responsabilité que le ministère a ainsi en-
courue, pour avoir, quant à la forme, violé les
principes les plus sacrés de notre constitution
sociale, et, quant au fond, pour avoir im-
prudemment donné à un acte inconstitutionnel
un commencement d'exécution, qui, dans le
cas éventuel où, par un refus constitutionnel
de lui donner l'autorité légale nécessaire, cet
acte n'auroit pas de suite, devroit nuire con-

sidérablement, par ce seul fait, aux plus précieux intérêts de l'Etat.

Soit que la discussion vienne à s'introduire dans les Chambres par une proposition faite au nom de la Couronne, soit que le combat s'y engage au moyen d'une enquête demandée ou d'un acte d'accusation dirigé contre des ministres qui croiroient pouvoir se dispenser de rendre cet hommage aux lois de leur pays, les Chambres, en examinant le fond de la question, ne sauroient manquer de faire l'application des principes généraux que nous venons de développer, et qui sont ceux de l'ordre politique dont elles sont de notables élémens.

D'après ces principes, dont il seroit difficile et dont il pourroit être dangereux de révoquer l'autorité, les Chambres auront à examiner si, par motif de force majeure, il y a lieu à reconnoître l'indépendance de l'Etat de Saint-Domingue, tel qu'il apparoît avec le titre et sous la forme de République d'Haïti; dans cette hypothèse, quelles devroient être les suites légales de cet acte; enfin si les conditions arrêtées et les moyens employés inconstitutionnellement par le ministère seroient admissibles et convenables.

La seule force majeure qui pourroit contraindre un Etat à céder une portion de son territoire, à délaisser une partie de sa population, à la déshériter de sa patrie locale, et cela faisant, à fouler aux pieds les lois saintes de la morale et de la pudeur publique, à sacrifier et la sévérité de ses principes constitutionnels et la dignité de son gouvernement, seroit celle qui avec tous les moyens d'exécuter, à la rigueur et presque à la minute, ses impérieuses menaces, donneroit à cet Etat l'option de ces grandes calamités, ou de calamités plus grandes encore : entre deux sommes de malheurs publics dont il faudroit inévitablement accepter l'une, force seroit bien de choisir la moindre.

Ce seroit outrager le sentiment de l'honneur français et le simple bon sens que de placer la France dans cette position dépendante vis-à-vis la république Noire d'Haïti ; il n'y a certainement pas force majeure qui oblige l'Etat de France à reconnoître l'indépendance de cette république, indépendance qui entraîne avec elle cession d'une portion du territoire, délaissement d'une partie des citoyens français, et toutes les autres conséquences honteuses qui dérivent, plus spécialement en-

core en cette circonstance, d'un acte de cette
nature : la reconnoissance de la république
Noire d'Haïti ne sauroit donc être déclarée
par une loi française.

Les ministres n'ont pas d'ailleurs daigné
remarquer, mais le Roi et les Chambres re-
marqueront pour l'honneur de la France et
le bien de la justice, que la question dont il
s'agit touche à la fois à la souveraineté et à
la propriété, et que, dans aucun cas, la propriété ne peut être privée de la protection
ou de la garantie que la souveraineté lui doit.

Il importe essentiellement d'observer qu'a-
vant de se faire usurpateurs de la souveraineté,
les Nègres de Saint-Domingue se sont faits
envahisseurs de la propriété, et que dans l'acte
que l'on réclame pour eux, il ne s'agit pas seulement de proclamer leur république souveraine, mais encore de les reconnoître eux-
mêmes comme propriétaires.

- Or, à l'extrême rigueur on conçoit bien
que la déclaration de souveraineté pût être
faite sans condition atténuante de la perte
que la souveraineté française en éprouveroit ;
mais il est impossible d'admettre la reconnoissance de la propriété entre les mains de
ceux qui l'ont envahie par violence, sans ad-

mettre aussi l'obligation que l'Etat s'imposeroit, par le fait même, de payer aux propriétaires ainsi dépouillés par son consentement, une juste indemnité équivalente à la valeur réelle des biens dont il disposeroit à leur préjudice.

La loi, et c'est bien encore une raison assez décisive pour démontrer, s'il en étoit besoin encore, l'insuffisante autorité d'une ordonnance en pareille matière ; la loi qui reconnoîtroit l'indépendance des Nègres d'Haïti, à la fois usurpateurs de la souveraineté et envahisseurs de la propriété, rendroit l'Etat passible envers les colons, à raison de la propriété, d'une restitution en argent, représentative de la restitution en nature que la loi auroit pour effet de rendre désormais impossible ; de la même manière qu'en maintenant le *statu quo* des ventes nationales en 1814, la déclaration de Saint-Ouen et la Charte avoient implicitement constitué l'Etat débiteur de la valeur des biens vendus, à l'égard des propriétaires que cette disposition de l'autorité souveraine privoit de la faculté de les revendiquer en nature : principe de droit public et privé qu'on a vainement voulu méconnoître pendant nombre d'années, et qu'il a bien fallu proclamer dans la loi dite d'indemnité, sauf à en appliquer plus tard toutes les conséquences.

La somme de cent cinquante millions, réservée par l'ordonnance pour les colons, équivaudroit à peine à la trentième partie des propriétés dont cette ordonnance dispose si légèrement. Le ministère a senti l'insuffisance de cette réserve ; il a fait dire par un de ses organes quotidiens les plus intimes (*Journal de Paris* du 3 octobre), « que le Roi, en » cédant ses droits de souveraineté, n'avoit » nullement entendu infirmer ceux des co- » lons considérés comme propriétaires fon- » ciers ; que ceux-ci sont restés intacts, sauf » à ceux qui les possèdent à les faire valoir » *comme ils l'entendront.* » Quelle niaise et cruelle dérision !

Comme ils l'entendront! Et comment peuvent-ils l'entendre les malheureux que depuis si long-temps vous nourrissez à peine d'un morceau de pain trempé d'affronts, et qu'aujourd'hui, sans indemnité suffisante, vous entendriez priver de la protection que le souverain doit à tous ses sujets pour la sûreté et la garantie de leurs droits de citoyens et de propriétaires? Vous les exilez de fait à tout

jamais de cette patrie que leurs ancêtres avoient
rendue si florissante au profit de la France.,
vous conférez à ceux qui furent leurs esclaves
le droit du souverain sur le sol qui les vit naître, le droit de propriété de leurs biens à
leurs propres ennemis, peut-être aux assassins de leurs pères, et lorsqu'ils viendroient
vous demander compte, non pas de cette patrie que vous leur ôtez, ni des champs paternels qu'ils n'auroient plus même l'espoir de
mouiller des pleurs de la piété filiale, mais
seulement de la valeur intrinsèque de ces propriétés de famille, dont vous leur enlevez la
douce jouissance, vous oseriez leur répondre :
« Vos droits comme propriétaires fonciers
» sont intacts, faites les valoir comme vous
» l'entendrez ; l'Etat qui a disposé des droits
» auxquels la garantie de vos propriétés étoit
» attachée ne vous doit rien ! »

Et devant quel tribunal invoqueroient-ils
la justice qui leur est due, lorsque, vous dépositaires du pouvoir qui la leur doit, vous
la leur refuseriez? Ils n'auroient sans doute
d'autre parti à prendre, dans leur misère
profonde, que de rassembler des troupes,
d'armer des vaisseaux, et d'aller faire une

conquête pour laquelle , s'il faut vous en croire , les forces et la fortune de la France sont impuissantes !!!..

Ils n'auroient point vendu leurs propriétés à la république Noire ; la république Noire ne leur devroit rien. Ce seroit l'Etat de France qui leur auroit acheté leurs biens pour en faire don à la république ; ce seroit donc à l'Etat de France à leur en payer le prix. Le vote d'une indemnité équivalente à la valeur des propriétés cédées par la France aux Nègres de Saint-Domingue au préjudice des colons propriétaires , seroit bien certainement une suite nécessaire, une conséquence forcée, d'une loi qui reconnoîtroit l'indépendance de la population noire de Saint-Domingue.

Les ministres ont imprimé un tout autre caractère à leur essai inconstitutionnel ; et la manière dont ils ont fait exécuter l'ordonnance du 17 avril, a merveilleusement répondu à l'inconstitutionnalité dont cette ordonnance est empreinte et aux fausses doctrines qui l'ont inspirée.

Ce n'est pas l'esclave qui est venu demander au souverain son affranchissement comme homme, son investiture comme propriétaire, son indépendance politique comme citoyen ;

ce sont les ministres du souverain qui ont pris
la peine d'envoyer chez l'esclave pour lui offrir
tous ces dons, qu'il a accueillis comme une
formalité ajoutée à une existence politique et
civile, bien et dûment acquise, selon lui,
depuis près d'un quart de siècle.

Nos braves officiers de marine, qui se seroient mieux accommodés sans doute de l'ordre
qu'on leur eût donné de mettre à la raison les
Nègres de S.-Domingue avec les mêmes armes
qu'ils ont employées à combattre *los Negros*
d'Espagne; nos braves officiers de marine,
par instruction ministérielle, ont dû frater-
niser avec les affranchis républicains; et dans
le banquet national auquel ils ont assisté, on
a pu ainsi porter impunément, en la présence
d'officiers de Charles X, la santé du grand
promoteur de la république Noire, de cet
homme altéré du sang des rois, et plus particulièrement du sang de Louis XVI, que notre
Chambre des Députés avoit déclaré indigne
de l'honneur de siéger dans son sein.

Ce ne sont point ces tristes conséquences
que nous accusons; elles devoient, et elles devroient en cas d'approbation légale, naître
en foule et sous les formes les plus hideuses,
des principes de désordre et de mort, admis

par nos ministres dans cette déplorable affaire. Nous n'accusons que ceux dont la conduite imprévoyante et légère a produit et
pourroit produire encore tous ces pénibles
résultats, dont nous croyons devoir épargner
à nos lecteurs la douloureuse nomenclature,
dans laquelle il faut bien surtout faire entrer
et la perte de nos autres colonies invitées à la
révolte par les récompenses dont nous la gor-
geons et cet encouragement immense donné
au républicanisme tant au dedans qu'au dehors de la France.

Quels seroient en résumé les résultats de
l'émancipation de Saint Domingue? Les colons y perdroient à tout jamais la jouissance de
leurs propriétés et le droit de cité dans leur
patrie locale ; la France son droit de souveraineté et les sommes dont elle se rendroit
débitrice pour le paiement de l'indemnité due
aux colons ; les Haïtiens y gagneroient, pour
un sacrifice pécuniaire au moins éventuel et
qui n'équivaut pas à la trentième partie de la
valeur des propriétés seulement, leur affranchissement et leur légitimation politique et
civile quant à la souveraineté qu'ils ont usur-
pée et aux propriétés qu'ils ont envahies. Si
l'on ajoute à ces pertes matérielles les pertes

morales, bien plus graves et bien plus funestes, qui résulteroient de l'émancipation, il
est juste au moins de conclure qu'il faut que
le ministère, pour en venir à traiter à de telles
conditions, ait été bien convaincu de la supé-
riorité de fait de l'Etat de France sur l'Etat
d'Haïti ; quelle pitié !

On a beaucoup parlé des biens que l'émancipation devoit répandre à grands flots sur
notre commerce. Mais, en supposant que les
avantages produits par une communication
un peu plus libre et un peu plus favorisée en
apparence avec une île appauvrie, fussent
assez considérables pour pouvoir raisonnablement entrer en compensation avec les nombreux et désastreux inconvéniens qui doivent
naître d'une émancipation de la nature de
celle-ci, n'est-il pas vrai de sens, de raison
et d'évidence, que ces foibles avantages, si
même ils s'établissent jamais, dureront pour
nous autant que l'Angleterre voudra bien le
permettre ?

Cette puissance, jalouse de tout ce qui lui
semble pouvoir accroître la prospérité de notre
pays, n'est-elle pas en mesure de réclamer
d'Haïti, Etat que, dans le cas de l'émancipation légale, et qu'à la rigueur dès ce moment

même elle peut regarder comme indépendant
de droit comme de fait, un traité qui la place
pour le privilége colonial au même rang que
l'ordonnance du 17 avril assigne à la France?
et alors, nous le demandons, que devient l'a-
vantage réservé à la France, placé en concurrence avec un avantage égal conquis par la
commerçante Angleterre, par cette Angleterre
dont le système d'envahissement du commerce
universel, ne connoît point de sacrifices qui
puissent l'arrêter ?

Avec la meilleure volonté de nous être favorable et de tenir religieusement les enga-
gemens qu'il aura contractés avec nous, le
président Boyer pourra-t-il empêcher que cela
ne soit ainsi, si l'Angleterre le veut? et certes,
elle le voudra. Quand la France invoquera
les conditions du traité, le président d'Haïti
répondra avec juste raison par la force majeure qui ne le laisse pas libre dans ses mouvemens, et il n'y aura rien à répliquer.

Il y a toute apparence même que l'Angleterre fera payer sa reconnoissance beaucoup
plus cher en définitive que nous n'aurons fait
payer la nôtre, et qu'après s'être fait beaucoup prier pour y donner les mains, elle voudra bien se rendre à des conditions qui peut-

être, dès l'origine, équivaudront aux nôtres.

Nous fâcherons-nous? Mais se fâcher n'est que ridicule, menacer n'est que pur enfantillage, lorsqu'on a soi-même pris la peine de démontrer, en paroles et en actions, que l'on n'a pas les moyens d'agir. Comment en définitive, pour faire tenir la main à l'exécution de quelques réserves financières ou commerciales, iroit-on se lancer dans une guerre, que l'on n'aura pas osé entreprendre pour sauver et la souveraineté et la propriété et les droits commerciaux tout ensemble?

On fait valoir l'intérêt des malheureux colons; on fait sonner bien haut les cent cinquante millions promis. Ce ne sera pas nous, défenseurs des droits de la justice en faveur de tous ceux que la violence des révolutions a frappés de spoliation, qui nous éleverons contre rien de ce qui pourra servir à des réparations désirables. Nous avons fait à diverses fois, et nous préciserons encore mieux ici notre profession de foi loyale et sincère en ce qui concerne les intérêts des colons.

Le souverain doit protection à ses sujets et comme citoyens et comme propriétaires. Comme tous les autres sujets de France, les colons de Saint-Domingue ont droit à cette protection. On a demandé si l'Etat de France devoit aux colons de Saint-Domingue l'appui d'une guerre faite aux détenteurs de leurs biens, pour faire rentrer ces biens dans les mains des propriétaires : oui, l'Etat doit cette guerre, si elle est possible, si elle présente des chances suffisantes de succès ; la propriété étant plus particulièrement garantie par l'Etat qui, dans sa loi constitutionnelle, la déclare inviolable. Si l'Etat ne peut réellement se promettre de restituer au colon sa propriété par la conquête, et que la protection qu'il doit ne puisse s'exercer par les armes, il lui reste à examiner si cette protection ne peut point s'exercer par d'autres moyens. En supposant, comme les ministres et leurs alliés voudroient si patriotiquement nous le faire croire, que l'Etat ne soit pas assez fort pour prêter un utile appui au droit de propriété des colons, du moins faudra-t-il qu'ils conviennent avec nous qu'il est assez riche pour les soulager efficacement dans leur misère. Assurez à ces malheureux à qui, dites-vous, il vous est impossible de pouvoir restituer leurs biens, les moyens de s'en passer, jusqu'à ce que des circonstances plus propices permettent d'agir pour eux d'une manière plus décisive. Dix

millions, par exemple, annuellement répartis
avec équité entre toutes ces intéressantes victimes, seroient un plus noble tribut accordé
à leur infortune et bien plus assuré, que cent
cinquante millions promis par ceux-là qui les
ont chassés loin du toit et du champ paternels.
Ce surcroît de charges, imperceptible dans
notre immense budget, où tant d'économies
restent à faire, seroit moins ruineux, plus
honorable et plus utile, qu'une promesse de
cent cinquante millions, qu'il faut acheter par
le sacrifice public de tout ce qu'il y a de conservateur dans nos principes de gouvernement
et par les dangers sans fin que cette défection
politique entraîne avec elle.

Dans la réalité, l'utilité publique n'a été
comptée pour rien dans l'affaire de l'émancipation de Saint-Domingue ; c'est tout simplement une affaire de convenance ministérielle
dont la révolution s'est emparée comme d'une
affaire de parti. Si l'on vouloit de cette vérité
une preuve plus particulière, il suffiroit de
se rappeler l'empressement que le ministère
a mis à faire porter la nouvelle de l'émancipation à la Bourse, et l'effet qu'elle y a produit. Les habitués, en grand nombre peut-
être, ont bien pu applaudir à la nouvelle ;

mais les affaires ont plutôt reculé qu'avancé, parce qu'à la Bourse comme ailleurs les hommes peuvent bien avoir une opinion contraire, mais les écus et les propres écus de ces hommes sont royalistes. Lorsqu'il s'agit d'intérêts, on ne compte guère en définitive que sur l'affermissement de l'esprit monarchique pour les assurer, et tout ce qui tend à détruire cet esprit conservateur devient effrayant. Ainsi l'on a vu la guerre d'Espagne faire hausser les fonds publics, et la paix d'Haïti les faire baisser.

Le ministère qui, par ses systèmes étroits d'agiotage, s'est mis dans la triste position de tout accorder au système républicain dans lequel l'Angleterre est entrée à pleines voiles depuis l'avènement de M. Canning, ne pouvoit pas trop lui refuser ce nouveau gage d'amitié ; la révolution a profité de cette nouvelle concession, comme elle a profité de toutes celles qui ont été faites dans le même sens.

Reste à savoir si les Chambres qui ont le devoir, le droit et le pouvoir d'anéantir cette œuvre inconstitutionnelle et anti-nationale, se croiront obligées d'être de l'avis du ministre et de soutenir son ouvrage. C'est ce que nous ne pensons point : les Chambres ont trop à gagner à répudier tous les scandales

dont on voudroit les rendre complices, elles
auroient trop à perdre à ne pas le faire, pour
que nous puissions avoir le moindre doute
sur la conduite honorable et utile qu'elles tien-
dront. Il ne s'agiroit de rien moins que d'aider à pousser le vaisseau de l'Etat dans l'abîme
où tout doit périr, les sommités sociales avant
tout.

CHAPITRE VIII.

De nos Relations extérieures.

On n'aura pas oublié que M. de Villèle ne-vouloit pas de la guerre d'Espagne, et qu'il ne s'y décida qu'à son corps défendant. On se rappellera sans doute aussi que, lorsque la guerre fut décidée, M. de Villèle se rendit maître de tous les moyens de la faire comme il l'entendoit, de manière à ce qu'autant que possible la guerre fût en définitive comme si elle n'avoit pas eu lieu.

Pourquoi M. de Villèle ne vouloit-il pas d'une guerre dont tout faisoit un devoir à la France, et le besoin de sa sûreté intérieure déjà compromise par le reflet contagieux du principe révolutionnaire vainqueur dans la Péninsule, et l'honneur qui commandoit de secourir et de délivrer du joug de la révolte

un peuple notre voisin et notre allié naturel
et un roi du sang de nos Rois? Quel motif
assez puissant a pu déterminer M. de Villèle
à ce délaissement des intérêts publics les plus
précieux et les plus élevés? Nul autre que la
nécessité de satisfaire aux exigences d'une
politique qui n'est pas celle de la France , nécessité qui a dominé M. de Villèle du moment
où l'Angleterre voguant à pleines voiles sur la
mer orageuse du système républicain , l'habile
perspicacité de sa politique a reconnu que ,
soit que M. de Villèle rêvât déjà ses projets
d'agiotage qui impliquoient le besoin absolu
de la paix , soit que la conscience de sa foiblesse comme homme d'Etat eût paru lui faire
redouter d'entrer en lice avec un adversaire
tel que M. Canning , il n'étoit pas de sacrifice
qu'elle ne pût lui imposer , en tenant suspen-
due sur sa tête , comme l'épée de Damoclès ,
la crainte d'une rupture entre les deux Etats.

Suivons avec quelque attention la conduite
politique de ce ministre, et nous le verrons en
effet immoler à la peur, et peut-être à quelque
autre divinité jusqu'ici plus cachée, les plus
chers, les plus nobles intérêts de la patrie, et
toujours l'Angleterre servie à point nommé
par les actes obséquieux du ministre français.

Et d'abord, l'Angleterre qui déjà avoit conçu
le projet de ses alliances commerciales avec
les colonies espagnoles, qui avoit imaginé de
concourir à l'épouvantable enfantement de ce
monde républicain, destiné par elle à satisfaire pour un temps l'insatiabilité de ses besoins mercantiles, en attendant que le mons-
tre dont elle aura protégé la naissance vienne
dévorer ses institutions et ses lois, l'Angleterre, seule dans le congrès européen, s'op-
posa à ce qu'une guerre de bon ordre public
délivrât l'Espagne du joug qui pesoit sur elle;
et tandis que la France étoit de l'avis de l'Europe, M. de Villèle se dévouoit à l'opinion
de l'Angleterre. C'est ainsi que, tantôt ministre de la guerre, lorsque la guerre se faisoit, tantôt ministre des affaires étrangères,
lorsqu'il étoit question de négocier, l'on a vu
M. de Villèle dans les diverses positions où
il s'est trouvé vis-à-vis de l'Espagne, n'avoir
d'autre politique que d'y ranimer par tous
les moyens l'esprit révolutionnaire, source
féconde d'embarras pour ce malheureux pays,
et d'y persécuter, d'y étouffer, autant qu'il
a dépendu de lui, l'esprit monarchique qui
devoit lui restituer toutes ses forces et lui assurer tous ses succès. N'étoit-ce pas en définitive

livrer les colonies espagnoles sans défense
aux ambitieux projets de l'Angleterre?

Tout ce qui présenta quelque obstacle au
ministre dans ses desseins anti-nationaux, fut
écarté. Le duc de Bellune qui avoit si bien
organisé une armée pour la monarchie ; qui
avoit si incontestablement préparé avec tant
de succès l'instrument au moyen duquel un
digne petit-fils d'Henri IV pût marcher avec
tant de gloire sur les traces de ses ancêtres ;
le duc de Bellune qui, en tout ce qui étoit du
domaine de ses attributions et de ses devoirs
ministériels, vouloit conduire et terminer
loyalement ce qu'il avoit loyalement entre-
pris ; le duc de Bellune fut en premier lieu
fortement contrarié dans ses généreuses opérations, et enfin privé d'un portefeuille qu'aucun ministre, depuis la restauration, n'a tenu
plus habilement et avec plus de loyauté que lui
pour l'honneur et le bien de la France. Le ministre fidèle fut d'abord tracassé et finalement
destitué ; et M. de Villèle qui, en sa qualité de
président du conseil et au moyen de quelques
arrangemens qu'il s'étoit ménagés, avoit considérablement empiété sur les attributions de
la guerre, ayant d'abord presque annihilé et
ensuite détruit l'obstacle qui jusques-là avoit,

autant que possible, résisté à ces empiètemens, de fait se trouva être ministre de la
guerre dans tout ce qui étoit de haute direction, et rien dès-lors ne put sérieusement s'opposer à l'action de sa politique anti-française.

L'excellente organisation de l'armée, œuvre précieuse du duc de Bellune, l'esprit de
dévouement et d'union que l'illustre maréchal
lui avoit si bien imprimé, impuissans à con-
jurer les mauvais effets de la politique ministérielle, qui a si mal usé du succès de nos
armes dans la Péninsule, surent du moins
se faire remarquer dans les occasions où nos
braves résistèrent aux coupables essais qui eurent lieu pour tenter leur fidélité. Le coup
de canon de Valin, retentit encore dans les
cœurs français, et l'on n'a point oublié avec
quelle généreuse indignation la première de
nos armées qui depuis plus de trente ans étoit
invitée à combattre sous le drapeau blanc,
sut mépriser les appels de la révolte, et commencer le nouveau cours de ses victoires par
un acte éclatant de loyauté.

Mais, en rendant au bon esprit de l'armée
française toute la justice qui lui est due, n'est-
on pas fondé à trouver étrange le soin que
l'on a pris de couvrir du plus profond mys-

tère les diverses circonstances de cette tenta-
tive ? N'avons-nous pas le droit de demander
encore aujourd'hui , comme nous l'avons vainement demandé il y a près de deux ans [1], ce
que sont devenus les hommes tombés sous le
canon vengeur de la Bidassoa qui n'étoient
que blessés, que l'on devoit traduire, et que
l'on n'a pas traduits devant les tribunaux ? Ce
voile officieux, si soigneusement jeté sur une
affaire qui appeloit, qui appelle encore toutes
les lumières de la publicité , ne pourroit-il pas
autoriser à déduire cette conséquence , que
l'on a craint sans doute d'incommodes révélations, puisque l'occasion de parler en public
a été épargnée à ceux-là qui pouvoient tout ré-
véler ? La soustraction de coupables pris les
armes à la main et combattant contre leur
pays , à l'éclat instructif des procédures cri-
minelles , est au moins un acte d'une singulière tolérance , s'il n'est une sorte d'aveu tacite de complicité ? Et combien les soupçons
ne peuvent-ils pas s'élever plus graves dans
les esprits, lorsque en suivant le cours de cette
guerre entreprise pour la légitimité et tournée

_____

[1] *Appel d'intérêt public au Gouvernement contre le Minis-*
tère, etc , pag. 182.

au profit de l'usurpation, on vient à remarquer tant de faits analogues, tant d'incidens accusateurs, qui semblent les justifier?

Toutes les fois que, par les influences qu'elle s'étoit ménagées autour du prince généralissime, ou qu'au moyen de l'immense autorité civile et même militaire qu'elle s'étoit réservée, l'action ministérielle a pu intervenir dans les opérations de l'armée, nous avons toujours vu quelque nouvel encouragement pour la révolution, quelque nouvel embarras pour la monarchie, quelque notable dégradation de l'esprit vital de l'Espagne, se glisser à la faveur et comme à la suite de la gloire de nos armes, pour en faire perdre le mérite et comme pour en délustrer l'éclat.

Sans entrer ici dans les honteux détails du tripotage des marchés Ouvrard, qui pourroient nous fournir des instructions si précieuses sur les choses et sur les hommes de la campagne de 1823, mais dont, par une considération toute puissante de délicatesse que nous avons expliquée en son lieu, il ne nous est pas permis de nous occuper pour le moment, nous pouvons et nous devons toutefois rappeler que de la sentine de ces marchés onéreux à l'Etat, réprouvés par la morale, mais approuvés et défendus par **M.** de Villèle, s'éleva comme un nuage de sales vapeurs, dont on essaya d'obscurcir l'éclat de nos triomphes, et qui trop souvent en ralentit le cours, en leur imprimant, autant que faire se pouvoit, le cachet de déconsidération monarchique dont le ministre vouloit qu'ils fussent empreints, et préparant d'avance les résultats révolutionnaires qu'il devoit leur faire produire.

Si, par exemple, d'après le bénéfice, et surtout la nature du bénéfice qu'on auroit fait accepter sur les marchés à certains hommes, ces hommes avoient un intérêt majeur à prolonger la guerre dont chaque journée de plus augmentoit considérablement leur avoir, on concevroit parfaitement les lenteurs apportées, dans certaines circonstances décisives, au mouvement et à la marche de nos troupes, et le peu de chaleur que l'on a mis quelquefois à terminer les plus importantes opérations.

Les marchés Ouvrard ont été l'instrument au moyen duquel l'action ministérielle a principalement agi dans le cours de la guerre; l'influence de ces marchés domine toute la campagne. Lorsque le temps sera venu de dire

la vérité tout entière à cet égard, on verra
ces marchés, levier universel du mouvement
ministériel en Espagne, s'élever du bas fond
de la police jusqu'aux sommités des négocia-
tions politiques, où ils ont fait sentir, comme
partout, le contact de leur vicieuse intervention.

Ainsi s'expliquera le manége de ces capitulations étranges avec des ennemis armés sans
doute, mais réduits à ne pouvoir se défendre,
et que, dans tous les cas, il eût mieux valu
combattre; capitulations au moins inutiles,
onéreuses à plus d'un titre, et dont les conditions en partie contraires à nos intérêts même
matériels, en partie embarrassantes pour le
Roi que notre devoir étoit de délivrer franchement des chaînes de la révolution, ont
fourni à la politique ministérielle les moyens
de jeter quelques entraves de plus dans l'action du pouvoir monarchique en Espagne, et
de donner à la révolution toute la consistance
qu'il étoit possible de lui procurer dans l'état
de détresse où elle se trouvoit.

L'ordonnance d'Andujar, envoyée de Paris
par le ministre, et qui fut publiée au nom du
prince généralissime, cette ordonnance si op-

posée à la noble promesse que nous avions
proclamée de ne nous mêler en rien des affaires intérieures de la Péninsule, et que l'auguste chef de nos braves s'empressa de retirer
dès qu'il s'aperçut du triste effet qu'elle pro-
duisoit dans les esprits, cette ordonnance a
été depuis reproduite par le ministre, sous
la forme des plus dégoûtantes tracasseries,
suscitées au roi d'Espagne en tant qu'il a voulu
maintenir les droits de sa couronne et veiller
à la conservation des intérêts nationaux de
son pays.

Ferdinand, délivré de la tyrannie des Cortès
par la valeur de notre armée et de son auguste
général, ne fit que changer de chaînes ; il
tomba dans celles que lui façonnoit depuis
long-temps le ministre français. Les foibles
secours pécuniaires qu'on donnoit à ses repré-
sentans pendant sa captivité, lui furent déniés
à lui-même depuis sa délivrance. Le roi d'Espagne resté seul au milieu de tout un ordre
politique à reconstruire, des passions les plus
violentes à calmer, de tant de justes réparations à satisfaire, le roi d'Espagne ayant à
remonter tout son intérieur, finances, politique, administration, et à reconquérir les
possessions nationales d'outremer, fut systé-

matiquement privé de tout appui et soumis à
l'exigence des prétentions les plus outrageantes, les plus rigoureuses, les plus arbitraires,
dans le nombre desquelles il suffira de rappeler celle qui avoit pour objet, et qui de force
a eu pour résultat de faire supporter à Ferdinand le paiement, mal déguisé sous une
autre forme, de treize millions dont le roi
d'Espagne, dans l'intérêt de la dignité de sa
couronne, ne croyoit pas devoir approuver le
véritable emploi.

L'important étoit que le roi d'Espagne fût
privé du loisir et des moyens nécessaires pour
faire rentrer sous son obéissance ses colonies
insurgées ; et, pour atteindre ce but, rien de
mieux sans doute que de donner beaucoup
d'occupation à la nation espagnole et à son
roi, par un désordre révolutionnaire perfidement organisé. Ce système destructeur de toute
vigueur et de toute puissance en Espagne
marche chaque jour vers son perfectionnement.

Le ministre français qui le met en jeu, et
qui en suit les funestes développemens, devoit commencer par frapper d'anathème politique, et c'est ce qu'il a fait, les seuls hommes
capables de conduire d'une manière généreuse

et forte les affaires de la Péninsule; ces hommes qui, joignant les lumières les plus incontestables au dévouement le plus éprouvé, pouvoient seuls dignement sauver, par l'application des principes les plus sages et les plus loyaux de gouvernement, tous les intérêts de l'Espagne, et conséquemment les intérêts bien entendus de la France; ces hommes de bien, si considérables dans l'opinion et dans la politique de leur pays par leurs éminentes qualités et par les plus hautes fonctions noblement remplies dans les temps les plus difficiles; ces membres généreux et recommandables de la régence d'Urgel, dont M. de Villèle, à leur première retraite en France, crut devoir páyer les immortels efforts et les patriotiques vertus par des mises en surveillance, auxquelles dans le moment même où nous écrivons ces lignes [1] il vient d'ajouter de nouvelles persécutions. M. de Villèle s'occupa ensuite le plus sérieusement du monde, comme il s'occupe encore et sans relâche, à placer le pouvoir dans la Péninsule entre les mains de ces politiques qualifiés de modérés, serviteurs à tout maître, que Joseph trouva disposés à

[1] Voir les journaux du 29 octobre.

le servir, et qui, plus sûrement que les Cortès, doivent faire bon marché des intérêts
nationaux.

On espère, quand on sera parvenu à faire
passer toute l'autorité entre les mains de pareils dépositaires, de pouvoir plus facilement
obtenir une reconnoissance des colonies espagnoles, qui réponde pleinement aux prétentions intéressées de l'Angleterre, et pour laquelle le ministre français a eu l'attention de
donner, comme un encouragement offert et
un exemple à suivre, la reconnoissance de la
république noire d'Haïti. En attendant, ce
qui apparoît déjà de la puissance du parti mi-
toyen en Espagne, laisse ce malheureux pays
dans un état de débilité, qui permet aux colonies insurgées de s'établir sans conteste comme
Etats indépendans de fait, et fournit à l'Angleterre le prétexte qu'elle colore à sa manière, de donner quelque consistance politique à ces Etats en les reconnoissant à son profit.

L'Espagne a été systématiquement affoiblie
par le ministre français ; l'Angleterre a profité
seule de cet affoiblissement de l'Espagne, et
la France y a perdu. Depuis l'établissement
de la maison de Bourbon sur le trône de
Charles-Quint, la France a été riche de la

fortune ou appauvrie des misères de l'Espagne. Toutes les forces que nous aurions données à l'Espagne, auroient donc tourné à
notre avantage ; et cependant M. de Villèle a
mieux aimé affoiblir que fortifier ce précieux
auxiliaire.

Il falloit quelque prétexte plus concluant
en apparence que les déclamations révolutionnaires, pour justifier cette étrange politique.
Ce prétexte officieux, l'Angleterre voulut bien
prendre la peine de le fournir.

M. de Villèle se trouvoit probablement em-
barrassé pour faire décider dans le conseil du
Roi de France l'abandon des colonies espagnoles, lorsque M. Canning qui ne pouvoit
guères moins pour seconder des efforts tentés
dans les intérêts de la politique de son pays,
vint tout à coup déclarer que tant que l'Espagne seule (et dans l'état des choses , ceci
étoit impossible) combattroit pour reconquérir ses colonies , l'Angleterre resteroit
neutre ; mais que cette neutralité cesseroit,
du moment où une puissance quelconque viendroit à prêter assistance à l'Espagne pour
arriver à ce but.

Certes, il falloit que M. Canning se fût bien

assuré que sa notification auroit le résultat
qu'elle obtint en effet, pour se l'être permise,
quand tout porte à croire qu'il auroit été fort
en peine, si on l'avoit placé dans l'alternative
de mettre ses menaces à exécution. L'Angleterre n'a pas été aussi heureuse en dernier lieu
pour son affaire du protectorat de la Grèce,
auquel, après l'avoir recherché par tous les
moyens en son pouvoir, force lui a bien été
de renoncer, sur l'opposition énergique des
puissances intéressées. A la place qu'elle ré-
servoit sans doute dans sa gazette officielle
pour l'acte royal portant nomination d'un
Lord-haut-commissaire des possessions grec-
ques, elle s'est empressée bien vite de publier
la proclamation royale qui rappelle les lois
contre l'enrôlement pour l'étranger, à l'effet
d'en ordonner l'exécution au détriment des
Grecs. Elle n'auroit pas été plus audacieuse
par rapport à la France dans l'affaire des
colonies espagnoles, qu'elle ne l'a été vis-à-vis
d'autres puissances au sujet de ses prétentions
sur la Grèce, si M. de Villèle ne s'étoit pas
trouvé à la tête des affaires, attendant, nous
n'oserions dire demandant, et dans tous les
cas, recevant la notification de M. Canning,
comme un moyen d'appuyer d'une considéra-

tion majeure dans le conseil l'opinion qu'il vouloit y faire prévaloir.

L'Espagne n'a donc point été aidée pour la conquête de ses colonies ; elle a été abandonnée à ses seules forces et livrée à toutes les horreurs d'une anarchie d'autant plus dangereuse, qu'on a contraint la royauté à la revêtir de ses nobles couleurs.

Des conspirations imaginaires ou réelles ont paru s'y organiser en faveur des intérêts du royalisme, et en apparence contre le droit de la personne royale. Là, comme chez nous il y a sept ans, l'héritier présomptif de la couronne a été accusé par le ministre influent (allié politique du ministre français) de vouloir s'en saisir, et les plus fidèles serviteurs du Roi de le servir dans cette entreprise criminelle. Un homme qui avoit conquis son grade de général par des actions d'éclat au profit de la légitimité, est pris et fusillé, convaincu, sans avoir été jugé, de s'être armé pour cette usurpation. On avoit annoncé des révélations importantes ; rien n'a été révélé. Bessières qui, disoit-on, avoit fait des aveux, n'en a fait aucun ; tout semble même prouver qu'il n'avoit point d'aveux à faire. Il a dit à ceux qui l'ont tué : « Vous êtes envoyés pour

» me fusiller, je serai fusillé ; mais le roi et
» la nation ne veulent point ma mort. » Chose
remarquable : un colonel des Cortès[1], qui se
trouvoit sur la route par où l'on poursuivoit
Bessières, a offert ses services qui ont été
acceptés ; il s'est aussi mis à le poursuivre et
n'a pas peu contribué à le prendre [1].

Voilà cependant où l'influence du ministre
français a mené l'Espagne! La guerre qu'il
avoit été chargé de faire, non au roi d'Espagne et à la nation espagnole, mais aux factieux
qui les tenoient sous le joug, a tourné contre
l'Espagne et son roi. Voilà le crime ; oui, le
crime du ministre français. Infidèle au devoir
qui lui étoit imposé de remettre en honneur
le principe monarchique dans un État voisin
et de le fortifier en France, il l'a affoibli en
France et dégradé en Espagne. Déserteur des
intérêts nationaux, il les a tous sacrifiés aux
intérêts exigeans d'une politique étrangère.

Tels sont en partie les méfaits du ministère au sujet de cette guerre d'Espagne d'où
il pouvoit faire éclore des germes féconds de
prospérité pour la France, et d'où il n'a fait
surgir que des principes de dégradation et de

[1] Voir à la fin la note (a).

mort ; et au fond de toutes ces iniquités, l'argent, et constamment l'argent, vient jouer un rôle, qu'en général il n'est pas toujours facile d'expliquer dans un sens favorable.

Une des causes de l'inimitié dont M. de Villèle a donné tant de preuves à l'Espagne, et dont il a si misérablement fait rejaillir les effets sur la France, c'est le refus persévérant du roi d'Espagne de reconnoître la légitimité de la dette contractée par les Cortès pour servir à river les fers dont elles l'avoient chargé. Pourquoi M. de Villèle tient-il si vivement à la reconnoissance des bons des Cortès? Le champ des conjectures est vaste, et il est fâcheux de prêter matière à certains soupçons.

Nous devons peu nous appesantir sur de pareils faits ; des objets plus importans réclament notre attention.

Le ministère ne s'est point borné, relativement à l'Espagne, aux refus des secours que la France lui devoit comme à un voisin, à un ami, à un allié, pour l'aider à reconquérir ses provinces d'outremer, dont la rentrée sous sa domination eût été la source de tant de biens pour la France ; il a été jusqu'à tendre une main amie aux colonies insurgées, il a pris la peine d'envoyer des ambassadeurs à la révolte à l'effet de la rassurer sur les intentions de la France à son égard. On lit l'article suivant dans un journal anglais du 23 septembre :

« La gazette de Baltimore du 27 août an-
» nonce l'arrivée dans cette ville d'un paquet
» de journaux de Lima. On lit, dans cette
» feuille, que, le 16 mars, la frégate de
» S. M. T. C. *la Marie-Thérèse* est arrivée en
» rade à Chorillas, ayant à bord le contre-ami-
» ral Rosamel, commandant en chef les forces
» navales françaises dans l'Océan pacifique.
» Le 17, le contre-amiral adressa au ministre
» des affaires étrangères, une note dans la-
» quelle *il sollicitoit* une audience du libéra-
» teur. Le 18, l'amiral Rosamel fut reçu avec
» beaucoup d'affabilité par le libérateur, à
» Magdalena. Pendant l'entrevue l'amiral
» français assura le libérateur que son gou-
» vernement professoit les sentimens de la
» plus stricte neutralité envers les *nouveaux*
» *Etats* américains. On annonce que le libé-
» rateur s'est montré très-satisfait de cette
» entrevue avec un officier dont la conduite
» franche et généreuse est justement appré-
» ciée le long des côtes de Colombie. On se

» rappelle la manière dont il se comporta à
» la Guayra , lorsqu'il étoit sous les ordres
» de l'amiral Jurien. *Dans cette occasion les*
» *Français contribuèrent quoique indirecte-*
» *ment à décider la capitulation de la Guayra,*
» EN REFUSANT *de prêter la moindre assis-*
» *tance aux Espagnols qui defendoient la*
» *place.* »

Des faits de cette nature portent avec eux
leur commentaire. Seulement , à la vue des
résultats qu'on a fait produire à la guerre
d'Espagne et de la singulière conduite tenue
depuis par le ministère français par rapport
aux affaires de l'Espagne et de ses colonies ,
on se demande pourquoi cette guerre ? pourquoi les dépenses énormes et si épouvanta-
blement enflées qu'elle a couté ? Puisqu'on
devoit agir de sorte à se trouver moins avancé
qu'avant la guerre pour les résultats qu'en
attendoit le monde monarchique, autant valoit, mieux valoit rester chez soi ; il y auroit
eu dans cette inaction plus d'économie et moins
de déloyauté. Les républiques de l'Amérique
du Sud se seroient peut-être également élevées ; mais du moins nous n'aurions pas servi

d'instrument à la promotion de ces actes d'usurpation et de républicanisme.

Dans un article consacré à nos relations extérieures, on s'attend sans doute à ce que nous parlerons de la Grèce; on se trompe. Nous continuerons à garder sur ce sujet un silence, que nous romprons, lorsqu'on pourra être assez bien informé parmi nous de la situation, et, s'il nous est possible de nous exprimer ainsi, de l'esprit des affaires dans la péninsule orientale, pour pouvoir émettre à cet égard une opinion consciencieuse et raisonnée.

Jusqu'ici, en général, l'esprit de parti a beaucoup plus particulièrement inspiré les opinions émises sur ce sujet, que le raisonnement et la conscience; et, dans l'incertitude où l'on est sur les faits actuels et sur leurs causes, chacun peut trouver des faits également concluans et des raisons également victorieuses, pour soutenir la thèse qu'il a choisie. Il y a seulement une observation curieuse à consigner, c'est que tandis que, tous les partisans des doctrines du gouvernement de fait soutiennent chaudement la cause des Grecs comme digne en tout de l'assentiment des hommes, parmi les partisans des doctrines du gouvernement de droit, il n'en est qu'une foible partie qui partage ce sentiment.

Ce n'est pas que nous voulions induire de cette remarque, que ces derniers soient susceptibles d'être blâmés. Leur opinion à cet égard est fondée sur des motifs trop honorables pour n'être pas digne de tout notre respect. Nous désirerions toutefois que le sentiment qui pousse ces âmes généreuses à émettre des vœux qui honorent leur amour pour l'humanité et leur zèle religieux, ne les entraînât pas jusques à la manifestation de principes qu'ils sont loin d'approuver, et tels, par exemple, que celui qu'exprime cette phrase empruntée à un journal, dont les rédacteurs peuvent être honorablement classés dans cette dernière catégorie : « On se légitime, dit ce » journal, parlant des Grecs, par l'estime et » l'admiration que l'on inspire; *les peuples ac-* » *quièrent des droits à la liberté par la gloire.* » Ceci n'est rien moins que l'expression, enjolivée par la gloire, de la maxime insurrectionnelle proclamée il y a trente-six ans, par le Dormeur du 5 octobre.

Dans cette question de la Grèce, le ministère a pris un parti digne tout à-fait de sa politique, indifférente toutes fois qu'il ne s'agit que
de quelque objet intéressant pour le bien public
ou pour l'honneur de la patrie. Il tient un
ambassadeur à Constantinople et tolère un
comité pour les Grecs à Paris ; c'est le système si noble, si utile, comme on sait, de
la bascule, appliqué à la politique extérieure.
Ainsi, tout à la fois l'on donne à un acte
d'humanité le caractère de la révolte, et l'on
imprime à une mission diplomatique le cachet
de la déloyauté. '

Peut-être devrions-nous suivre notre politique extérieure dans ses relations avec d'autres
puissances, et signaler bien d'autres fautes.
Mais ce sujet qui se rapporte aux principes
qui lient entre eux les Etats monarchiques,
nous mèneroit trop loin, et s'éloigneroit à
quelques égards du ton positif qui respire dans
cet écrit. Nous avons touché de notre situation
politique à l'extérieur, à tout ce qui nous a
semblé venir correspondre plus particulièrement aux divers points de nos misères domestiques. Ce sont ces misères qui s'élèvent haute-
tement contre le ministère qui les a produites,
qui chaque jour les aggrave, et qui ne trouve

pas d'autre réponse à faire aux plus justes
réclamations de l'opinion publique, que d'invoquer l'arbitraire pour en étouffer l'expression importune.

~~~~~~

CHAPITRE IX.

De la liberté de la presse.

LA conspiration du ministère contre tout
ce qui pourroit s'opposer utilement à ses
actes ou les dévoiler, est flagrante. Les influences illicites des élections, dirigées, non
contre l'ennemi du Roi, mais contre l'opposant
au ministère; l'organisation anti-constitution-
nelle et toute ministérielle du conseil d'Etat;
l'exécution administrativement faite de lois
contraires à la Charte, et conséquemment
abrogées par l'article 68 de cette ordonnance
de réformation : tout vient à l'appui de cette
triste vérité.

L'opinion publique, que le ministère
par ses fautes s'est mis dans la fâcheuse nécessité de traiter en ennemi, est attaquée
avec une violence plus particulière encore
dans la liberté de la presse qui en est l'instru-

ment le plus essentiel. En dehors de l'action
législatrice et du mouvement administratif, la
liberté de la presse en effet est l'organe au
moyen duquel l'opinion publique exprime
son approbation ou sa désapprobation, ses
vœux ou ses espérances, au sujet de tous les
actes du gouvernement, depuis la loi incomplète ou mal conçue, jusqu'à la loi mal exé-
cutée ou arbitrairement interprétée.

Un pareil contrôle produit les redresse-
mens les plus favorables aux besoins publics,
et ne sauroit offrir rien de dangereux pour la
sûreté de l'Etat. En effet, sa force est toute
morale; ce n'est que par la conviction qu'il
inspire qu'il peut fonder la puissance qu'il
exerce, et cette conviction ne sauroit naître
que de la manifestation de la vérité.

C'est donc en haine de la vérité qui fait
justice de leurs fautes, que des ministres, en-
tachés d'incapacité ou de perfidie, ont singulièrement en horreur la liberté de la presse.
Des ministres de cette espèce, s'ils ne sont
hommes d'Etat, sont au moins hommes d'intrigue, et le savoir-faire chez eux, suppléant
au savoir leurs attaques contre l'obstacle qui
les gêne, ne manque pas d'une sorte d'habileté.
Ils ont bien senti qu'attaquer la liberté en tant

qu'elle seroit la liberté, seroit absurde ; ils
ont donc commencé par faire illusion sur leur
ennemie, et pár la travestir aux yeux des
peuples avant de la combattre ; ils l'ont re-
présentée sous les traits de la licence, afin de
l'immoler avec une apparence de justice sur
l'autel du bien public.

« La liberté de la presse, nous disent-ils
» dans leurs journaux, a-t-elle aux temps de
» la révolution fait reculer d'horreur devant
» les crimes de cette fatale époque [1]. »

La liberté de la presse! Comme s'il y avóit
autre chose que la licence au sein du désordre.

La liberté de la presse est essentiellement
légale, elle ne peut vivre que sous le régime
des lois ; et quel régime légal que celui où l'on
pendoit les dissidens au premier coin de rue ?
Certes, il n'y avoit pas alors de liberté, il y
avoit licence d'écrire, c'est-à-dire jouissance
désordonnée pour les uns, et privation arbitraire pour les autres, comme cela doit arriver
sous toutes les censures possibles : le procureur
général de la lanterne étoit le censeur de ce
temps-là. Aujourd'hui, la censure ne pourroit

---

[1] *Drapeau Blanc* du 14 septembre

guères que supprimer l'écrit ; alors elle sup-
primoit l'écrivain : c'étoit à la fois plus ex-
péditif, et plus conséquent.

Dire qu'il y avoit liberté avec une pareille
censure est donc une dérision. Si la liberté
de la presse eût réellement existé, la vérité
n'eût point succombé sous l'erreur, et le
crime n'auroit pas eu l'affreuse puissance de
sacrifier la vertu. Dans ces temps de désordre
et de mort, toutes les fois qu'un peu de répit
a été accordé aux victimes, toutes les fois que
les esprits ont été ramenés vers des idées de
royalisme et d'ordre public, c'est par la liberté
de la presse que ces bienfaits sont venus consoler l'humanité et faire naître les plus précieuses espérances d'un meilleur avenir.

La liberté de la presse est l'auxiliaire des
bonnes lois, le soutien invariable de toutes les
légitimités, et ne sauroit admettre qu'un ordre
régulier de choses; la licence vit d'exceptions,
elle s'accommode de l'arbitraire et prépare la
voie qui mène au despotisme. La liberté de
la presse avec de bonnes lois, franchement
exécutées, qui en répriment les abus, se mon-
trera aussi éloignée de la licence qu'elle est
ennemie de l'arbitraire. Le ministère le sait,
et le ministère opprime la liberté de la presse ;

il essaie de lui substituer, à son profit, la licence
des censures préventives et secrètes. Les
moyens qu'il emploie sont tous dignes du but
qu'il veut atteindre. Suivons-le dans la marche
tortueuse de ses empiètemens.

C'est surtout dans les journaux, qu'on pourroit appeler la liberté de la presse organisée,
que les ministres qui ont voulu pour eux la
licence de dire, pour avoir sans opposition
la licence de faire, ont toujours plus particulièrement attaqué cette liberté qui s'oppose
à leurs envahissemens.

En 1820, l'ancien ministère accusoit les
journaux de semer des germes de division
entre les partis, que lui-même avoit mis en
présence, et ce fut là le prétexte des entraves
qui furent imposées à leur publication. En 1825,
on les accuse de tendre à la réunion des partis,
et pour les punir de ce crime de lèse-ministé-
rialisme, on les menace de les placer de nouveau légalement sous le joug.

A l'une comme à l'autre époque, le ministère qui vouloit opprimer la liberté, a eu le
soin perfide de tolérer la licence et de l'encourager par l'impunité.

En 1819, on ne poursuit pas devant les
tribunaux la répression des sacriléges et des

attentats commis par la voie de la presse, et
en 1820, on arrive aux Chambres, ces écrits
à la main, pour demander la censure. Etoit-ce
au fond, pour Dieu, pour le Roi, que l'on
demandoit les moyens de prévenir les écarts
de la presse qu'on n'avoit point voulu réprimer? C'étoit pour les ministres; car les im-
piétés, les attaques au pouvoir monarchique
continuèrent *avec licence de la censure*, et le
contrôle des actes administratifs cessa.

Dans les années qui ont précédé 1824, on
avoit laissé un peu de désordre s'établir dans
l'exercice de la liberté de la presse. On vouloit
justifier, autant que possible, le rétablissement
tant désiré de la censure. La censure fut rétablie; et pour que rien ne manquât à la res-
semblance, cette nouvelle censure montra la
même indifférence que l'ancienne pour les
choses sacrées, et le même amour pour tout
ce qui intéressoit l'ambition ministérielle : si
la censure de M. Franchet, contre-signée De-
liége, ne permit pas la plus légère critique
des actes administratifs, l'allusion la plus in-
directe et la plus innocemment piquante aux
œuvres du ministère, en revanche, ainsi
qu'on peut s'en convaincre par la lecture des
journaux, imprimés avec son approbation et

privilége , elle crut devoir montrer quelque
tolérance pour les atteintes les plus graves
portées au principe politique , et surtout au
dogme religieux. On pouvoit se croire sous l'ancienne censure de M. Lourdoueix.

En 1824 et en 1825 on a trouvé mieux : on
s'est bien soigneusement interdit la répression
des délits , pour se ménager la ressource des
procès de tendance. Et en effet, la punition
sévère et prompte d'une attaque dont la
religion ou la royauté ont pu être l'objet,
auroit produit sans doute le plus grand bien
pour l'esprit religieux et monarchique ; mais
en quoi ce bien eût-il profité au ministère ?
Mieux lui valoit certainement de bons procès
de tendance qui lui offrent l'expectative de la
suspension , et finalement de la suppression
définitive des journaux incriminés.

Que fait au ministère la répression des
crimes de la licence , introduite avec le secours d'une tolérance perfide à la suite de la
liberté ? C'est la destruction de la liberté qui lui
importe. C'est sa propre cause que le ministère
va faire plaider devant la Cour royale , dans
les procès de tendance, et non la cause de
Dieu et du Roi. Reste à savoir si la justice ,
toujours prête à venger les injures faites à l'au-

torité religieuse, ou à l'autorité politique, croira devoir faire aux prétentions ministé- rielles le sacrifice des libertés publiques, dans une cause qui ne présente réellement que les libertés publiques aux prises avec les pré- tentions ministérielles.

D'un autre côté, les journaux du ministère ont pris la peine de nous apprendre qu'il y avoit lieu d'être fort mécontent du désordre qui règne dans la liberté de la presse, et notam- ment de la presse périodique, et qu'il faudroit bien que dans la session prochaine, le minis- tère demandât une loi pour arrêter le scandale.

Ainsi, la loi du 17 mars 1822 qui investit le ministère du droit de rétablir temporaire- ment la censure, en cas de circonstances graves, ne suffit déjà plus à sa passion du silence; les circonstances graves, en effet, peuvent être difficiles à signaler, quand il n'y en a pas, et dangereuses à énoncer, quand il y en a qui proviennent des fautes mêmes du ministère. Il paroît que l'on voudroit une loi qui eût pour le ministère cet inconvénient de moins, et quelques avantages de plus.

Si le ministère ne recule pas devant son projet, il viendra donc dire aux Chambres dans la session prochaine, que le désordre

produit par la liberté de la presse est au
comble, que les lois pour réprimer les abus
de cette liberté sont impuissantes, qu'il en
faut par conséquent pour les prévenir, et
qu'il n'y a rien de mieux à faire que de lui
donner, à lui ministère, la direction générale
et absolue de la pensée. Ainsi, à l'exemple
de l'ancien ministère, le ministère actuel aura
toléré la licence, il l'aura provoquée, peut-
être par les moyens les plus honteux, et tout
au moins par l'impunité, afin de s'en servir
à demander des lois qui confisquent la liberté
à son profit. Admirable calcul : c'est tout juste
comme si l'autorité chargée de veiller à la sûreté
publique, après avoir laissé assassiner impunément sur les grandes routes, venoit, les mains
pleines du sang versé par cette impuissance
calculée des lois, demander des lois nouvelles
portant interdiction du droit de voyager. .

Voyez, au surplus, la précieuse naïveté des
partisans de la censure arbitraire et préventive des écrits; l'un d'eux s'exprime ainsi :
« Il (le ministère) a même déjà établi une
» censure proprement dite, à cause de l'in-
» suffisance des autres moyens. Il la rétablira
» encore, car il n'aura, comme ses prédéces-
» seurs et ses successeurs, que le choix de

» vivre avec elle ou de se dissoudre avec elle[1]. »

Les médecins du ministère ont prononcé l'arrêt, et notez bien que, dans la lettre comme dans l'esprit de cet arrêt, il n'est question ni du Roi ni de la France, mais du ministère, et rien que du ministère; hors de la censure point de salut, point de salut pour lui ministère, la censure seule peut le faire vivre : ceci ne pourroit-il pas offrir une raison de s'opposer au rétablissement de la censure ?

Il y a dans cette naïveté un autre aveu non moins remarquable, c'est que la censure rétablie temporairement par l'ordonnance du 15 août de l'an dernier, n'a point eu pour cause déterminante, les circonstances graves, qui bien ou mal y sont exprimées dans l'intérêt des lois, mais bien le besoin qu'avoit le ministère, pour vivre, de ce moyen exceptionnel, les moyens légaux lui paroissant insuffisans et sans doute contraires.

Cette ordonnance, comme on sait, fut proposée à la signature du feu Roi mourant, et signée le lendemain même du prononcé de l'arrêt de la Cour de cassation, confirmatif

[1] *Des Crimes de la Presse*, pag. 88.

du, jugement de première instance et de l'arrêt d'appel qui consacroient la légalité du droit de publication du journal *l'Aristarque*. Elle porte des considérans qui peuvent attaquer à volonté l'insuffisance des lois, ou l'insuffisance de la magistrature. Immédiatement après cette ordonnance en parut une autre qui semble n'avoir été publiée que pour expliquer plus clairement le sens de la première. Cette ordonnance est celle qui révoque M. Fréteau de Peny de ses fonctions d'avocat-général.

En effet, quel étoit le crime de M. Fréteau de Peny portant la parole dans cette cause, devant la Cour suprême ? D'avoir interprété la loi selon ses lumières et sa conscience, dans le même sens que l'avoient interprétée le tribunal de première instance et la Cour royale, et comme devoit l'interpréter, sur ses conclusions, la Cour de cassation devant laquelle il parloit, mais comme ne l'interprétoit pas le ministère. Or, s'il n'y avoit qu'erreur de la part de M. Fréteau de Peny aux yeux du ministère, pourquoi celui-ci auroit-il puni ce magistrat d'une erreur, nullement punissable, et qu'il partageoit avec le tribunal de première instance, la Cour royale, et la Cour de cassation? Une dissidence dans la manière

de voir une question de droit entre la magistrature et le ministère, ne sauroit expliquer
cette rigueur Un magistrat peut être puni
pour une prévarication, et M. Fréteau de
Peny n'avoit point prévariqué. Mais on peut
se croire autorisé à punir un magistrat à qui
l'on pense avoir le droit d'imposer une opinion comme à un être subordonné et dépen-
dant, et qui fait acte d'indépendance ; et c'est
ce qui est arrivé à M. Fréteau de Peny.

Le ministère avoit paru désirer que la magistrature prononçât l'abolition du droit de
publication du journal *l'Aristarque*; la Justice ne crut pas devoir subordonner son opinion à d'autre autorité qu'à celle de la loi ; le
ministère prit l'indépendance des tribunaux
pour un acte de désobéissance, et M. Fréteau
de Peny, le seul des agens révocables qui se
fût exprimé dans le sens des tribunaux, fut
révoqué; la magistrature fut solennellement
admonétée, et des ministres responsables se
permirent de blâmer les arrêts souverains de
la justice, que leur devoir est comme hommes de respecter, et comme ministres d'appuyer de toutes les forces de la puissance
publique.

C'est donc pour avoir résisté à la volonté,

aux caprices du ministère, et non parce que
la magistrature se seroit trouvée avec lui en
dissidence de manière de voir sur une question
d'ailleurs hors de la compétence ministérielle,
que la magistrature a été blâmée, et un avocat-
général près de la Cour suprème puni, par la
destitution, de l'indépendance de son vote :
et la conséquence de ceci, c'est que le ministère qui a cru pouvoir émettre une volonté,
là où il n'avoit que des devoirs à remplir,
agissoit non pour le bien public, qui repose
sur le respect des lois et de la chose jugée,
mais dans le sens de ses intérêts privés ; c'est
qu'il avoit peur de cette feuille politique qui sembloit le menacer de signaler toutes ses fautes, de
dévoiler toutes ses turpitudes, de démasquer
enfin toute sa politique, et qu'il auroit voulu
par conséquent la voir condamner à mort,
par arrêt de justice, au moment de sa résur-
rection légale ; c'est que, ne pouvant obtenir
cet arrêt si vivement désiré, il n'a rien trouvé
de mieux que d'employer les ressources, et
de se livrer aux empiètemens et aux violences
de l'arbitraire, en destituant M. Fréteau de
Peny, comme pour marquer son mécontenu-
tement contre la magistrature, et en rétablissant la censure, à l'effet de rendre nulle,

par voie administrative , la publication du
journal dont la justice n'avoit pas voulu méconnoître le droit importun de publication.

L'ordonnance du 15 août attaquoit dans
l'Aristarque, la presse périodique tout entière, et dans la presse périodique, toute la
liberté de la presse. Le ministère craignoit ,
non pour le gouvernement, mais pour lui,
les effets de cette liberté qui sembloit de nouveau devoir s'élever de toutes ses forces contre
l'imprévoyance et la déloyauté de ses actes ; il
s'empressa, dans ce but unique, de rétablir
la censure, et les circonstances étoient si
graves, si pressantes pour lui, qu'il ne se
donna pas même le loisir de déguiser par
les formes de la rédaction, tout ce que le
fond de l'ordonnance présentoit de personnel.

Victime des persécutions ministérielles dans
l'affaire du journal *le Régulateur*, que l'iné-
branlable équité des tribunaux avoit également décidée dans le sens légal favorable à la
liberté, celui qui écrit ces lignes se félicite
d'avoir été, une seconde fois , dans la cause
de *l'Aristarque*, le promoteur d'un nouveau
triomphe obtenu au profit de la liberté de la
presse et à la honte de ministres réduits à

constater leur défaite par une ordonnance
solennelle. Ce n'est point sa faute si des circonstances indépendantes de sa volonté, et
dont il a personnellement souffert dans sa
fortune et dans ses affections, sont venues
successivement anéantir tous les effets de son
zèle. Dans un écrit uniquement destiné à la
défense des intérêts généraux, objet constant
et sacré de ses efforts et de ses sacrifices, il se
dispensera d'entretenir le public, de ses récriminations personnelles, qui appelleroient un
autre genre de publicité; il doit se borner à
saisir cette occasion, pour déclarer que depuis le 1er février de cette année, il est absolument étranger à la rédaction des journaux.

Les tracasseries suscitées par le ministère
à la liberté de la presse, au sujet du *Régu-*
lateur et de l'*Aristarque*, se sont renouvelées
pour *la France Chrétienne;* elles se sont re-
produites presque en même temps sous une
autre forme dans l'affaire de *la Quotidienne.*
Or, il ne doit pas être indifférent de remarquer qu'il ne s'agit pas même ici de journaux
plus ou moins révolutionnaires : tous ces journaux étoient bien sincèrement religieux et
monarchiques; mais on pouvoit craindre qu'ils
ne fussent pas du tout ou pas assez ministé-

riels, et il n'en a pas fallu davantage au
ministère pour les proscrire, ou bien pour les
entraver dans leur marche par des embarras
jetés dans leur intérieur.

Afin de mener à une fin aussi heureuse que
possible le dessein qu'il n'a jamais cessé de
suivre, d'annuler de fait la liberté de la
presse, le ministère a cru devoir employer
tour à tour contre la presse périodique la
violence de l'arbitraire, les ruses de la perfidie, ou l'attrait de la corruption. Ce qu'il
n'a pu atteindre par la force, il l'a étouffé
sous des monceaux d'or ; il a employé les
manœuvres les plus lâches, là ou l'action de
la violence lui avoit été insuffisante ; il a composé pour une partie d'influence, lorsqu'il n'a
pu obtenir l'influence tout entière ; il a acheté
telle conscience de rédacteur, quand telle propriété de journal n'étoit pas à vendre, et si
bien fait en définitive qu'à bien peu d'exceptions près, les journaux politiques de la capitale se trouvent placés sous sa dépendance,
plus ou moins absolue, et soumis à son influence, plus ou moins directe.

De cette sorte, les journaux qui appartiennent en tout au ministère et ceux qui ne sont
qu'en partie sa propriété, et ceux qui, sans

être sa propriété, n'en sont pas moins à sa
discrétion, se partagent tout naturellement
leur rôle dans le simulacre de combat politique dont on amuse le public. La jonglerie va
si loin à cet égard qu'on a vu même des journaux également vendus corps et biens au ministère, se combattre sur des points qui ne
touchoient pas aux intérêts du maître, afin
de se donner une certaine allure de liberté.

Nous avons ainsi des dépendances de toutes
les couleurs et des indépendances de tous les
degrés, et le ministère s'est arrangé de manière à imposer toutes les servitudes, depuis
le ministérialisme sans déguisement (selon
nous le moins coupable de tous), jusqu'à l'opposition la plus énergique en apparence, la
plus plate au fond, opposition de convenance
réciproque et enchaînée dans des limites qu'elle
se garderoit bien de franchir.

Un écrit bien précis qui auroit pour titre :
LA VÉRITÉ *sur les journaux politiques de la
capitale*, seroit piquant, et pourroit devenir
utile. Si nous étions bien convaincus dès à présent de cette utilité, et surtout que cette utilité
ne fût pas sans inconvénient pour des intérêts plus délicats, nous publierions cet écrit au-

jourd'hui même ; nous le publierions le jour
où cette conviction , vers laquelle la malignité
de l'esprit penche naturellement, nous seroit
pleinement acquise.

Que de grandes réputations d'indépendance
et de vertu paroîtroient petites, misérables,
hideuses , ridicules , lorsque , LA VÉRITÉ les
dépouillant de l'habit emprunté dont le char-
latanisme les couvre, elles se présenteroient
pour ainsi dire en robe de chambre aux yeux
du public ! Un pareil spectacle seroit digne
des regards de l'observateur. L'hypocrisie politique , bien plus dangereuse que l'hypocrisie
religieuse dans un siècle irréligieux et tout
politique, s'y montreroit dans toute sa bizarre
difformité, et si quelques unes de ces grimaces
inspiroient du dégoût, quelques unes, nous
pouvons l'assurer, exciteroient le rire. On y
verroit

« De ces francs charlatans, de ces *vertus* de place
» De qui la sacrilége et trompeuse grimace
» Abuse impunément, et se joue, à leur gré,
» De ce qu'ont les mortels de plus saint et sacré » ;

de ces hommes enfin qui veulent avoir avec tous
les profits du vice tous les honneurs de la vertu.

A côté des corrompus seroient tous les cor-

rupteurs avec leur insolence et leur pusillanimité, leur suffisance et leur niaiserie ; tous les
agens de la corruption avec leur fatuité subal-
terne et leur sottise de second rang : on y
verroit la caisse d'amortissement de l'esprit
public, son état-major et sa comptabilité,
avec ses gros capitaux et ses petits moyens,
impertinente dans ses maladroites tentatives
et ridicule jusque dans ses honteux succès.

C'est au moyen de cette caisse corruptrice,
dont il y a près de deux ans nous avons fait
assez connoître l'existence, le but et les principaux actes, pour la marquer du sceau de la
réprobation publique, que le ministère, en
attendant qu'il soit en position de rétablir la
censure en vertu des lois existantes ou d'une
nouvelle loi, a de fait voulu établir, et sous beaucoup de rapports, a établi une censure bien
moins effrayante, puisqu'elle existe sous les formes de la liberté, mais incommode, en ce que
un rien en dérange l'harmonie, et que d'ailleurs
elle coûte fort cher. S'il juge l'occasion favorable dans la prochaine session, ainsi que ses
journaux ont eu le soin de nous le dire, le ministère demandera des lois qui lui permettent
de commander le silence, afin de s'épargner
la dépense, et surtout la peine de l'acheter.

Déjà l'on ne demande plus seulement cette censure pour les journaux; on paroît la vouloir pour toute sorte d'écrits. « Tous les livres » (même celui des *Crimes de la Presse* sans » doute, d'où nous tirons ces lignes, page » 54); Tous les livres ont bien plus qu'une » tendance, ils ont une marche rapide à la » révolution. » L'auteur demande en conséquence l'établissement d'un comité de censure arbitraire et préventive, sous le titre de conseil royal de la presse. Le mot n'y fait rien; examinons la chose.

L'auteur a l'attention d'exiger que ce comité soit composé de ce qu'il y a de plus illustre, de mieux pensant et de plus éclairé en France; il impose aux membres de ce conseil le devoir « de favoriser toutes les vérités reconnues, » toutes les vérités nécessaires et même utiles; » il pense même qu'ils peuvent, *sinon per-* » *mettre, du moins tolérer* (ce sont ses expres- » sions) des erreurs douteuses ou des préjugés » utiles, s'il est vrai, ajoute-t-il, qu'il puisse » y en avoir de ce caractère; et cela quels » que soient les noms, les antécédens, les » opinions, le parti des auteurs ou la couleur » des journaux, etc. »

Certes, s'il étoit possible de trouver une

réunion d'hommes ayant le talent, la conscience et la force de tête, nécessaires pour
produire de si beaux résultats, il n'y auroit
qu'un méchant, ou bien un fou, qui pourroit
s'opposer à ce que le mouvement de la presse
fût réglé d'avance par une action qui ne gêne-
roit pas le moins du monde la manifestation
de la vérité, en écartant avec une intelligence
parfaite les propositions mal sonnantes et les
opinions entachées d'erreur.

Mais où sont-ils ces hommes si parfaits
qu'on avoit craint jusqu'ici de ne pouvoir les
rencontrer parmi les hommes, ces sages, ces
dieux sans erreurs, sans préjugés, dépouillés
de toute prévention, qui auront la puissance
plus qu'humaine de séparer exactement à la
minute et par une opération subite de l'esprit, le bon du mauvais grain, sans jamais
nuire au bien, sans jamais autoriser le mal,
au milieu de ce fatras immense de vérités ou
de mensonges, d'excellens, de médiocres, ou
de pitoyables écrits, journaux ou autres, qui
chaque jour viendront en foule invoquer les
promptes lumières de leurs jugemens? Qu'ils
paroissent, et l'univers pensant, s'inclinant
devant eux, va les reconnoître avec joie pour
les régulateurs suprêmes de l'esprit public.

Dans cette brillante hypothèse même, la liberté de la presse, non seulement devroit
être soumise, mais elle devroit être restreinte
à ces hommes qui, ayant par privilége l'esprit de sagesse, sembleroient rendre super-
flue, par la publication de leurs irréprocha-
bles pensées sur tous les points d'utilité
publique, la manifestation humaine, et nécessairement toujours un peu sujette à l'erreur
comme tout ce que produit la foible humanité, des pensées émises par le reste des
écrivains.

Comment n'a-t-on pas vu qu'attribuer ces
qualités surhumaines aux hommes qui devroient exercer la censure préventive, c'étoit
condamner la censure à n'être point exercée,
c'étoit condamner par le fait et à tout jamais
cette institution exceptionnelle qui repose sur
l'arbitraire et qui, bonne avec des hommes tels
que l'auteur a cru devoir les représenter afin
d'étayer sa thèse de leurs vertus imaginaires,
ne vaut rien avec les hommes tels qu'ils sont
en réalité, assujettis à leurs préjugés, esclaves
de leurs préventions, et susceptibles d'abu-
ser de l'arbitraire qu'on leur confieroit, soit
dans l'intérêt de leurs passions, soit pour

satisfaire aux passions de ceux de qui ils tien-
droient leurs pouvoirs ?

Un conseil royal de la presse, comme un
comité de censure, quel que soit le nom que
vous lui donniez et de quelque manière que
vous le composiez, sera toujours un pouvoir
occulte, pressé par l'immensité de son travail,
et susceptible ainsi de mal faire, invité d'ailleurs à tout oser dans des intérêts personnels,
par la puissance arbitraire et sans contrôle
qu'on lui aura attribuée. Un pouvoir ainsi
constitué, ne sauroit avoir ni le désir, ni le
temps de veiller à la sûreté des intérêts publics ; telle ne peut être et telle ne fut jamais
sa mission. Un tel pouvoir ne sauroit défendre
ni la religion, ni la royauté, ni aucune des institutions de la patrie, puisque en quelque sorte
il tient la place de toutes les institutions, et que
son existence n'a lieu qu'à leur détriment ;
mais il tuera la liberté au préjudice de tous,
il organisera le despotisme au profit de quelques uns : et voilà pourquoi le ministère le
veut pour son compte.

Les circonstances sont graves, dites-vous ?
Oui, sans doute ; mais d'où vient la gravité
des circonstances ? Est-ce du côté de la liberté
de la presse, ou du côté des ministres ? La

liberté de la presse a-t-elle corrompu les
consciences? A-t-elle torturé les suffrages
publics? Est-ce la liberté de la presse qui a
fait, maintenu et approuvé des marchés contraires à la morale et onéreux pour le Trésor
royal? La liberté de la presse a-t-elle proscrit
le talent, outragé la fidélité, condamné l'honneur à l'ostracisme? A-t-elle méconnu les
institutions du pays, violé le principe même
du gouvernement? La liberté de la presse
a-t-elle introduit dans notre diplomatie la
politique tout anglaise et anti-monarchique
qu'on a fait peser sur l'Espagne, et dont
celle-ci semble vouloir secouer le joug ¹? Est-ce
enfin la liberté de la presse, qui, au mépris
même du droit de la loi, a reconnu comme
souveraine et propriétaire la population nègre
de Saint-Domingue, pour la ruine du principe de la légitimité politique et au détriment
du droit de propriété?.....

Les circonstances sont graves! Remontez à
la source de ce qui les a faites ce qu'elles sont,
et si ce n'est pas la liberté de la presse, si c'est
au contraire le ministère qui, par ses fautes

¹ Au moment où nous écrivons ces lignes (2 novembre), les
journaux, depuis deux jours, ont annoncé la destitution de
M. Zea, remplacé par M. le duc de l'Infantado.

sans nombre, a produit tout ce désordre,
vous ne voudrez point sans, doute confis-
quer la liberté de la presse qui a signalé ces,
fautes, au profit du ministère qui les a commises. Ce seroit un singulier brevet d'impunité, une étrange prime d'encouragement :
prime et brevet auxquels prétendent au surplus, que réclament toujours avec le même
empressement les ministres qui ne savent plus
comment cacher leurs sottises, et qui n'en
veulent pas moins se conserver la douceur d'en
faire de nouvelles. Ainsi l'on vit M. Decazes,
le lendemain de l'assassinat de l'infortuné duc
de Berry, venir demander des chaînes pour
la liberté de la presse périodique, qui chaque
jour lui reprochoit ce crime, comme le fruit
amer des fautes de son administration.

La censure est-elle d'ailleurs une chose si
bonne en soi pour obtenir les suffrages des
hommes réfléchis et loyaux? N'a-t-elle pas,
indépendamment même de tout intérêt personnel qui peut s'en saisir pour son compte,
des inconvéniens qui sont attachés à sa nature?
Avant la révolution, la presse étoit soumise à
une censure préalable, et les œuvres qui ont
préparé cette révolution, approuvées par elle,
circuloient avec autorité parmi le peuple ;

quand on vouloit leur donner la vogue, on les faisoit brûler par la main du bourreau.

Nous avons des lois pénales pour réprimer les écarts de la liberté de la presse ; l'exécution de ces lois est facile dans l'intérêt de tout ce que présente de respectable la société politique et civile. Si ces lois ne sont pas assez précises, assez sévères, on a la faculté d'en demander d'autres, l'assurance de les obtenir et la certitude de les faire exécuter. Dans cet état des choses, l'indifférence naturelle ou calculée de ceux qui sont chargés de préparer ou de faire exécuter les lois répressives, pourroit seule faire dégénérer la liberté en licence.

Cependant, on redoute, ou l'on feint de redouter la licence des écrits, quant au fond on ne craint que la liberté ; et l'on ne songe nullement à mettre un frein, on voudroit ajouter encore au despotisme du ministère, dont les écarts sont bien autrement faciles à être commis, et sont d'une conséquence bien autrement importante, pour la répression desquels d'ailleurs il existe à la vérité des droits absolus d'accusation et de jugemens constitutionnellement attribués aux Chambres, mais privés des lois que la raison, d'accord avec la

Charte, réclame pour l'exercice convenable de ces droits.

Nous avons une responsabilité des ministres, de droit', qui dans cette législation, à dessein incomplète, leur donne une inviolabilité de fait. Les ministres sont les maîtres devant le Roi, par la considération de leur responsabilité écrite; ils sont rois par leur inviolabilité réelle devant les Chambres. Qu'une censure fortement organisée vienne à l'appui de leurs prétentions ambitieuses, et ils cesseront d'être moralement responsables devant l'opinion, par la liberté de la presse.

Si vous n'avez pas la liberté de la presse, vous aurez d'un côté une usurpation ministérielle sans frein, exerçant un despotisme violent, taquin et capricieux, dont le danger pour le trône et pour les sujets sera bien plus à redouter, sans doute, que quelques abus, si faciles d'ailleurs à réprimer, qui pourroient se glisser dans le mouvement de la liberté de la presse ; vous aurez d'un autre côté une sorte de conspiration sourde et permanente de tous les mécontentemens publics. Ces mécontentemens qui sont moins irritables, qui au surplus s'évaporent et se laissent deviner dans le jeu entraînant de la publicité des opinions, peu-

vent, avec le système de l'oppression ministérielle, se tourner en complots secrètement
ourdis dans le silence imprudent auquel vous
les aurez condamnés.

Bien plus, un ouvrage indépendant, clan-
destinement publié au milieu de ce silence
organisé ; une nouvelle à la main, glissée dans
le public, au sein de cette oppression générale
de la pensée, où l'on attache encore un bien
plus grand prix aux choses de l'esprit, seront
sans contredit, bien plus redoutables, et pro-
duiront un tout autre effet, elles porteront un
caractère autrement dangereux, que les mêmes choses, apparoissant sans contrainte, et
mêlées avec d'autres écrits et avec d'autres
nouvelles, dans un système de liberté, où
d'ailleurs la crainte de la répression légale
devra toujours, indépendamment de toute
autre considération, commander moins d'â-
creté dans les idées et plus de circonspection
dans la manière de les rendre.

La chose publique est exposée aux plus grands
périls par cette politique silencieuse qui même
ne profite pas toujours aux ministres. Que
gagne M. de Villèle à supprimer les représentations des pièces où il est question de quelque
ministre en exécration aux peuples ! Rien, si

ce n'est de rendre le souvenir de ces allusions malignes, plus piquant dans les souvenirs du public.

Les institutions humaines ne sauroient être parfaites. Condamner quelqu'une de ces institutions, parce qu'un peu d'abus devroit s'y glisser, seroit folie ; la sagesse consiste à rendre ces institutions le plus profitables que possible au bien de l'Etat. Vous aurez, si l'on veut, un peu de licence avec la liberté de la presse : mais vous auriez, bien plus certainement, beaucoup d'arbitraire avec le despotisme, surtout avec le despotisme ministériel. L'essentiel, c'est de combiner les choses de manière à ce que les forces que vous donnerez au pouvoir et à la liberté, produisent le moins d'arbitraire et le moins de licence possible. Se jeter dans l'arbitraire dont les dangers portent si haut et si loin, par la crainte d'un peu de cette licence, qui s'insinuera toujours dans le mouvement de la politique, seroit une absurdité, quand ce ne seroit pas un crime.

Il importe que chacun des élémens constitutifs de la société politique, possède particiellement assez de vigueur, afin que ces divers élémens, au lieu de se nuire, se prêtent mutuellement un utile appui pour le bien de la

chose publique qu'ils ont à maintenir et à fortifier. Or, quel est le principe, quels sont les
élémens, quelles sont les parties constitutives
du gouvernement qui nous régit? C'est ce qu'il
convient de rappeler succinctement.

` Le droit du Roi est divin ; ainsi le veut sur-
tout la nécessité de placer hors de toute contestation le principe même de la société politique, incessamment sujette à des ébranlemens,
si le principe sur lequel elle repose étoit susceptible d'être capricieusement rejeté.

Le Roi, maître de la société politique, seroit
absolu comme Dieu maître du Monde, si la
nature imparfaite de l'humanité permettoit,
comme à Dieu, à l'homme-Roi, de ne pas
pouvoir être trompé.

C'est donc afin de rapprocher le plus possible l'infaillibilité politique de la perfection
divine, et le souverain de LA VÉRITÉ seule
utile à son peuple, qu'il s'est introduit dans
tous les gouvernemens humains une surveillance des actes du pouvoir contre des prétentions individuelles qui pourroient égarer l'autorité souveraine à son préjudice et au détriment des intérêts publics qui ne veulent que
la voir marcher dans les voies de la sagesse.

Cette surveillance active et de tous les mo-

mens , réglée par de bonnes lois , franchement
exécutées , épure l'exercice du droit du souverain, sans nuire nullement au principe de ce
droit.

Elle s'exerce par plusieurs moyens : la
parole , l'écriture, et tout ce qui peut servir
à manifester l'expression des besoins publics ,
sont ses organes. Oter la parole, l'écriture,
ou tout autre moyen de manifestation , à ce
droit de surveillance acquis aux nations , ce
seroit blesser le droit du souverain, qui ne
demande qu'à être éclairé, afin de joindre à
l'autorité irrévocable qu'il a d'agir, le pouvoir
subordonné de bien faire.

Que tout ce qui est de dogme religieux ou
d'autorité politique , soit placé par les lois répressives , au-dessus de toute discussion. Que
ceux qui porteroient une main audacieuse et
profane sur les objets vénérables de la foi religieuse et de la croyance politique , soient punis
comme des sacriléges et des séditieux. Mais
que chacun puisse s'expliquer sans entraves sur
le mouvement usuel de la politique et sur les
actes de l'administration. La liberté de la
presse ainsi réglée , tel qu'il est si facile, avec
un peu de loyauté , de la constituer actuelle-
ment en France , pourra blesser quelques mi-

nistres qui feroient le mal ou qui ne sauroient
pas faire le bien ; mais à côté de ce redressement
importun des fautes ministérielles, qui profitera
essentiellement à tous les intérêts légitimes,
elle n'offrira bien certainement aucun danger
pour la sûreté du trône et la stabilité de nos
institutions, que les empiètemens ministériels
compromettent de la plus effrayante manière.
On voudroit des lois pour les ministres ; nous ai-
merions mieux, nous, des ministres pour les lois.

Il seroit à désirer que chaque Français qui voudroit exercer ce contrôle éminent des actes politiques et administratifs, le fît en réalité à ses
périls, risques et fortunes, et que ses écarts, s'il
pouvoit s'y livrer, ne pussent en aucune façon
être soustraits à la répression directe, légalement appelée sur la tête de leurs auteurs. Les
opinions sont individuelles; la gloire et le profit
même en appartiennent à l'écrivain : c'est sur
l'écrivain et rien que sur l'écrivain que devroit
toujours tomber la punition en cas de délit.
Il y auroit à la fois plus de justice et de respect
pour la liberté, dans cette immédiate distribution des récompenses publiques ou des
peines judiciaires. Il y auroit plus de dignité
pour l'écrivain dans cette noble manière de
s'offrir personnellement et à découvert comme

garant de ses œuvres, et plus de sûreté pour la chose publique ; il ne suffiroit plus de savoir écrire pour convaincre, il faudroit encore être honnête homme et bon citoyen, et l'autorité de la vertu ne seroit pas moins nécessaire que la puissance de l'esprit, pour exercer sur l'opinion une influence réelle.

On trouve en général plus commode, d'un côté, de faire supporter le poids des peines à de malheureux responsables, et de l'autre, plus avantageux d'avoir à persécuter, à destituer des imprimeurs et des libraires, officiers publics de la liberté de la presse, qu'on aime assez à intimider, à décourager, afin de les rendre plus circonspects et moins zélés dans le service de la maîtresse qui les fait vivre.

Ne seroit-il pas temps enfin que les imprimeurs et les libraires fussent affranchis de la solidarité qui pèse sur eux relativement à la publication des ouvrages qui sortent de leurs presses ou qui se vendent dans leurs boutiques ; qu'ils fussent seulement considérés comme les auteurs des ouvrages sans nom d'auteur ou d'éditeur accrédité, et, dans ce cas seulement, traités comme tels ?

La liberté de la presse réside dans la presse même qui produit les écrits imprimés ; la

liberté de la publicité ne sauroit exister sans
le libre exercice de la profession qui produit
cette publicité par la distribution des écrits
au public. Si vous opprimez les imprimeurs
et les libraires, vous faussez, vous brisez les
instrumens sans lesquels la liberté de faire
imprimer et de publier des opinions, ne sauroit avoir lieu.

Ces conséquences se déduisent tout naturellement de l'article 8 de la Charte. L'auteur des
Crimes de la Presse a essayé de plier cet article
à son système, en le torturant de la manière
la plus piteuse.

La Charte ne dit point comme cet écrivain
qui a l'air d'en citer le texte, page 151 de son
ouvrage : « Les Français ont le droit de pu-
» blier leurs opinions, en se conformant aux
» lois qui doivent réprimer les abus de cette
» liberté, » texte qui lui fournit un moyen
spécieux de démontrer même la constitution-
nalité d'une loi qui établiroit définitivement
la censure de toutes sortes de manuscrits avant
l'impression. La Charte dit : « Les Français
» ont le droit de *publier* et de *faire imprimer*
» leurs opinions, en se conformant aux lois

» qui doivent réprimer les abus de cette
» liberté. »

D'où il résulte : en premier lieu, que le
droit de publier, droit que la Charte présente
comme pouvant être exercé avec ou sans le
concours de l'impression, est un droit absolu,
indépendant de toute autre action, droit par
conséquent dont la responsabilité ne regarde
que l'auteur de l'écrit imprimé ou non imprimé ; en second lieu, que la Charte ne consacre pas un droit d'imprimer, mais de *faire
imprimer* des opinions, ce qui attache encore
la responsabilité de l'impression, non à l'imprimeur qui se livre simplement à l'action
mécanique d'imprimer, mais seulement à
l'auteur qui exerce le droit facultatif de faire
imprimer, comme une conséquence et un
moyen d'exécution du droit générateur que
la Charte lui donne tout d'abord de publier
des opinions. Du droit absolu que tout Français
possède constitutionnellement de publier ses
écrits, même après les avoir multipliés par la
voie de l'impression, résulte nécessairement
le droit de les faire distribuer librement.
Or la moindre gêne préventive qui par punition ou par menace viendroit entraver, soit

l'impression de l'ouvrage chez l'imprimeur,
soit sa publication chez le libraire, nuiroit à
la liberté de la presse en changeant en mesure
préventive et comminatoire, les règles exclusivement répressives qui peuvent seulement
atteindre les abus de cette liberté ; donc l'imprimeur et le libraire, en tant qu'ils ne font
qu'imprimer et vendre l'écrit que son auteur
a fait imprimer et publie sous sa responsabilité personnelle, ne sauroient être solidaires
de cette responsabilité devant la justice, et
surtout devant l'arbitraire administratif, sans
que le droit constitutionnel de publier des
opinions n'en fût considérablement lésé, et par
la suite rendu tout-à-fait nul.

Rien, dans l'intérêt de la vindicte publique,
ne peut justifier la punition d'un libraire, et
surtout d'un imprimeur qui publient un écrit
dont l'auteur répond de son œuvre ; rien,
dans l'intérêt de la liberté telle que l'a en-
tendue l'article 8 de la Charte, ne doit gêner
le mouvement de la presse ni celui de la publication. Si ces deux mouvemens n'étoient
pas libres ; s'ils pouvoient être contrariés,
enchaînés, et même dans une certaine hypothèse législative et judiciaire, s'ils pouvoient
être anéantis à volonté par le caprice de l'au-

torité administrative, toujours trop empressée
à faire disparoître les obstacles qui semblent
la gêner dans sa marche arbitraire, il résulte-
roit qu'on pourroit maintenir de droit aux
Français la liberté de publier et de faire imprimer leurs opinions, et la leur ôter de fait,
surtout quand il s'agiroit de certains écrits
désagréables à l'administration, en s'arran-
geant peu à peu de manière, que les imprimeurs et les libraires n'oseroient plus imprimer, ni vendre que les écrits pour lesquels
MM. les inspecteurs de l'imprimerie et de la
librairie auroient jugé à propos de leur donner
main-levée. Des tentatives ont été faites depuis long-temps à cet égard, et toutes n'ont
pas été infructueuses [1]. Ces succès partiels sont
bien faits pour encourager le ministère, et
peuvent raisonnablement faire craindre à l'o-
pinion que tôt ou tard, si l'on n'y met ordre,
il n'obtienne ainsi un succès complètement
destructeur de la liberté d'écrire.

Des lois claires et précises deviennent nécessaires pour rendre aux actions purement
mécanique et mercantile d'imprimer et de
vendre les écrits, toute leur indépendance,

[1] *Appel d'intérêt public au Gouvernement contre le Ministère*,
pag. 1 à v de l'*Avertissement*

afin que le droit de publier jouisse de toute la
liberté qui lui est constitutionnellement acquise
et qui dans l'état des choses peut de fait lui
être administrativement enlevée. On voit déjà
la jurisprudence des diverses Cours varier sur
l'application de certaines lois sur l'imprimerie
et sur la librairie, publiées antérieurement à
la Charte, et dont l'article 68 a, dans le fait,
abrogé toutes les lois qui sont contraires à son
esprit. On parle de lois sur ces importantes
matières, que le ministère, dit-on, propo-
sera dans la session prochaine.

Si ces bruits sont fondés, nul doute que le
ministère n'entende ces lois au profit du ministérialisme, comme nous nous chargerons,
nous, de les considérer alors et pas à pas,
dans l'intérêt du pouvoir légitime et de la
liberté constitutionnelle. Si le ministère se
contentoit du vague et du désordre qui do-
minent aujourd'hui cette partie intéressante
de notre législation, il seroit encore de notre
devoir, dans cette hypothèse, de soumettre aux
Chambres des réflexions dignes de toute leur
attention, et capables de provoquer des mesures d'ordre et de fixité, que les intérêts
généraux réclament avec le même empressement que les intérêts tout personnels du

ministère semblent mettre à les repousser.

Le délire des ennemis de la liberté, des amis de l'arbitraire, a été porté si loin, qu'ils n'ont pas craint, pour soutenir leur thèse illégitime, de porter une main sacrilége sur l'arche sainte de l'infaillibilité et de l'inviolabilité royales : triste démonstration de cette vérité fondamentale de toute société politique, que le droit du souverain et la liberté du sujet renfermés dans la même défense sont également proscrits par les mêmes attaques.

Après avoir représenté la liberté de la presse comme *un mal* qui n'a pu être promis par le Roi, l'auteur des *Crimes de la Presse* s'écrie, pages 159 et 160 de son écrit : « J'admets » qu'*il* (*il*, c'est le Roi), j'admets qu'il l'ait » promis, cette fois il *l'auroit promis en vain* » (ceci est souligné dans l'ouvrage cité); et » comme sa promesse seroit une *faute* (ce » mot est encore souligné par l'auteur), son » devoir seroit de la reconnoître et de la » réparer. » A cette phrase et au mot *faute* est attachée cette note : « L'expression n'a » rien que je sache d'irrévérent; Louis XVIII » a lui-même, et plus d'une fois, positivement » reconnu qu'il avoit fait des fautes. »

Nous en demandons bien pardon à l'écrivain
cité; mais le royal auteur de la Charte n'a
jamais parlé ainsi. Louis XVIII avoit trop le
sentiment des convenances politiques pour
avoir dit cette sottise. « Mon gouvernement a
» fait des fautes, a dit Louis XVIII. » Comme
Roi, on ne fait point de fautes; on ne se
trompe même point, on a été trompé. Les
ministres seuls font des fautes; eux seuls ont
des *devoirs* à remplir. L'idée de devoirs n'est
pas plus compatible, politiquement parlant,
avec celle de Roi qu'avec celle de Dieu, dont
le Roi est l'image sur la terre.

Dans le système de ce qu'on appelle le gou
vernement absolu, on peut être porté à commettre ce sacrilége politique de parler des devoirs et des fautes des Rois, ce qui est loin
d'être jamais exact, même en fait, puisque
dans quelque position de gouvernement qu'ils
se trouvent, les Rois ne peuvent jamais se
guider que sur les rapports d'agens nécessairement responsables des fautes que dès-lors
ces agens seuls ont commises.

Dans un gouvernement *ministériel*, on fait
mieux : on laisse le poids des devoirs aux
Rois; on invoque contre leur personne les
rigueurs de la responsabilité, puisqu'on parle

de leurs fautes; et on réclame comme une nécessité politique *la souveraineté du ministère*.

Dans le gouvernement royal, tempéré par la responsabilité ministérielle, éclairé par les représentations de l'intérêt public, faites en dedans et en dehors de l'action du gouvernement, enfin dans le gouvernement tel que l'ancien gouvernement de France et celui qui, sous d'autres formes, régit de droit aujourd'hui notre patrie, le Roi ne peut et ne veut que le bien; tout le mal qui se fait vient des ministres qui ont trompé le Roi, avec ou sans dessein, sur l'état des choses : là on reconnoît la responsabilité des ministres comme la garantie matérielle du bien public et la sauvegarde morale de l'inviolabilité du Roi.

« Il n'y a pas de milieu, s'écrie l'auteur déjà » cité (page 140), il faut opter entre la souve- » raineté du peuple *ou* celle du ministère. » Aveu candide qui exprime sans voile la pensée des ennemis de la liberté, obligés de se montrer en même temps les adversaires des droits sacrés du trône.

Quoi! entre une fraction séditieuse de la population qui voudroit follement être souveraine et un ministère usurpateur pour qui l'on ose réclamer hautement cette souveraineté, n'y a-t-il pas le peuple qui veut vivre heureux et libre sous un Roi ayant le droit inviolable de lui donner des lois?

Nous, défenseurs des droits du Roi et de la liberté des sujets, nous ne voulons pas plus de la tyrannie ministérielle que de l'anarchie populaire. Nous voulons la souveraineté du Roi; nous voulons la liberté légale du peuple, qui ne peut plus convenablement mettre à l'abri les intérêts publics qu'elle est destinée à défendre de tous empiètemens, qu'en garantissant les droits du Roi de toute usurpation qui tenteroit d'en ternir l'éclat ou d'en affoiblir l'autorité.

La souveraineté du Roi est surtout en France un droit national que les vrais Français, que les vrais amis des libertés publiques, y défendront toujours, comme la sauvegarde perpétuelle et sacrée de tous les autres droits. Contre cette force toute nationale, toute légitime, que pourroient les vaines prétentions de quelques ministres qui osent se faire à la fois les envahisseurs des libertés constitutionnelles et les usurpateurs de la souveraineté? « Quand la liberté est devenue légale, a dit

» un de nos publicistes les plus distingués [1],
» c'est un fait qui appartient à tous, qui
» oblige à tout sacrifier pour le maintenir;
» et le sang versé pour une cause qui a pour
» elle les lois et l'assentiment des esprits,
» laisse des traces qui ne s'effacent jamais. »

[1] M Fiévée, *Journal des Débats* du 30 septembre.

· CHAPITRE .X.

Quelques observations. — Conclusion.

TANDIS que l'on croit pouvoir méconnoître les droits imprescriptibles du Roi et fouler aux pieds les intérêts légitimes des sujets ; que l'on prêche dans les termes les plus positifs le principe de la souveraineté du ministère, et que ce ministère chaque jour usurpe les droits du Roi et envahit les libertés publiques, les fautes produites par l'ambition et l'imprévoyance ministérielles portent leurs fruits ; les événemens les plus étranges et les plus funestes à la France, enfans bizarres de ces fautes, apparoissent avec le hideux cortége des calamités qu'ils traînent à leur suite.

Au dehors, un immense continent, que le ministère devoit et pouvoit défendre pour la monarchie et pour la France, se couvre, dans l'intérêt mercantile de l'Angleterre, des cou-

leurs républicaines, et menace déjà le monde
monarchique de ses redoutables invasions[1].
Dans notre intérieur, les lois méprisées, la
morale publique outragée, l'ingratitude pour
les services publics mise à l'ordre du jour, la
corruption qui livre des créatures, non au
gouvernement, mais au ministère, considérée
comme l'unique réssort du mouvement politique ; enfin tous les maux que d'après un aveu
consigné dans un journal ministériel nous
avons succinctement décrits au commencement de cet ouvrage : tel est le tableau de la
situation effrayante dans laquelle la politique
de M. de Villèle a plongé la France.

La position, comme on l'a dit dans le même
journal, *n'est pas tenable*. Mais, ajoute M. de
Montlosier à qui nous devons cette déclaration publique, ce n'est pas dans le ministère,
c'est dans la France qu'est le mal ; ce n'est
point son ministère qu'il faut changer, c'est
sa constitution politique tout entière qu'il faut
reconstruire.

Mais, en admettant dans toute sa plénitude
l'opinion de M. de Montlosier sur la nécessité
qu'il y auroit, selon lui, à renverser de fond

[1] Voir à la fin la note (*b*).

en comble ce qui existe de l'ordre constitutionnel de la France, pour en créer un tout
entier mieux approprié à ses besoins, toujours
faudroit-il pour un tel édifice des mains capables de l'élever. Il en est de même dans l'hypothèse plus raisonnable d'après laquelle il
s'agiroit d'améliorer au lieu de détruire l'ordre constitutionnel existant. Et de bonne foi,
le ministère actuel s'est-il montré ouvrier
assez empressé, assez habile architecte, pour
qu'on puisse sans danger lui confier le soin de
rebâtir ou de restaurer l'édifice politique? La
réponse de la France entière, témoin et victime de ses fautes, ne sauroit être douteuse.

Ces fautes proviennent-elles de la constitution
qui nous régit? Cette constitution que le devoir
des ministres étoit de compléter par les institutions qui lui manquent encore, s'ils l'avoient
seulement respectée telle qu'elle est, n'auroit-
elle pas diminué bien loin d'augmenter le
nombre et la gravité des fautes ministérielles?
Que l'on examine ce qui s'est fait depuis que
le ministère actuel tient en main les rênes de
l'autorité publique, et que l'on dise que ce
n'est point par lui que tout s'est fait, toujours
en dépit de la raison publique dont il a cru
pouvoir dédaigner les avertissemens, dont il

a même laborieusement travaillé à étouffer la voix constitutionnelle!

Tout le mal que ce ministère a fait, ne le lui a-t-on pas toujours prédit d'avance? Ne s'est-il pas toujours montré aux yeux de la France interdite, armé d'un triple acier contre les réclamations les plus pressantes et les plus sages qui n'avoient (l'événement l'a constamment prouvé) que l'intérêt public pour moteur? A-t-il jamais fait un acte qui n'eût pour but le besoin de ses misérables intérêts et le désir de se faire souverain? Et faut-il encore après des torts si graves, si dignes de toute l'animadversion publique, que lorsque, selon vous mêmes, rien ne sauroit tenir en France, que la France soit condamnée à subir à perpétuité ce ministère qui lui a fait cette position intolérable?

Ce ministère qui veut se soutenir, quoi qu'il puisse en arriver pour la France, viendra, dit-on, dans la session prochaine avec quelques projets de loi que réclame depuis si long-temps le besoin de coordonner l'ensemble de nos institutions. Mais ces lois, comme celles qu'il a déjà mises en avant pour séduire quelques esprits et capter quelques suffrages au profit de ses desseins ambitieux, ne sau-

roient avoir le mérite dont elles auroient_
brillé, si les ministres, au lieu de les livrer de
guerre lasse et seulement au fond comme
moyens de leur politique toute personnelle,
les avoient présentées à la discussion des Chambres, mûries par les réflexions d'un sage patriotisme et empreintes d'un dévouement sincère à nos institutions? Ces lois d'ailleurs
feront-elles que les fautes qu'on voudra les
faire servir à pallier n'existent pour le malheur
de la France, et que l'arbre du mal, planté par
le ministère, ne porte ses fruits amers?

Mais, nous dit-on d'un air de triomphe, si
l'on renvoie les ministres actuels, qui mettra-
t-on à leur place?

La question ne nous paroît pas sensément
posée.

Il ne s'agit pas de savoir par quel ministère
le ministère actuel pourra être remplacé, mais,
avant tout, si le ministère actuel peut rester
en place, si les fautes qu'il a commises n'exi-
gent pas son renvoi dans l'intérêt de la France,
et sa mise en accusation pour le bien de la justice. Nous croyons dans le cours de cet ouvrage, expression nécessairement restreinte
des besoins publics, avoir réuni assez de motifs

pour le renvoi et signalé assez de matériaux pour l'accusation.

La position des ministres qui remplaceroient les ministres actuels, dites-vous, seroit difficile? Oui, sans doute, parce que telle l'auroient faite leurs prédécesseurs. Mais avec de la bonne volonté et l'exemple instructif des fautes commises, le redressement de ces fautes et les prospérités de la France, s'opéreroient comme par enchantement; et nous ne désespérons pas assez de notre pays pour penser qu'il soit absolument impossible d'y trouver quelques hommes de bonne volonté.

Il ne seroit pas difficile au nouveau ministère de savoir qu'il y a d'autres principes de gouvernement que l'arbitraire ministériel, d'autre ressort que la corruption, d'autre moyen que l'ingratitude. Les membres de ce ministère se croiroient probablement plus assurés des amis qu'ils se feroient par la conviction, que d'autres pensent pouvoir l'être des esclaves qu'ils ont achetés.

Ils jugeroient peut-être qu'une magnificence royale et nationale basée sur l'économie administrative, pourroit être préférable au système tout différent que l'on suit depuis quatre années, et dans lequel l'éclat du trône, les prin-

cipes du goûvernement, l'intérêt du contri-
buable, l'industrie, l'agriculture et les finances,
sont impudemment sacrifiés avec les libertés
publiques à quelques exigences personnelles.

Ils n'immoleroient pas à ces exigences pa-
rasites la souveraineté de l'Etat et la propriété
des citoyens ; et ils ne se croiroient point autorisés à régler par des ordonnances ce que la
loi elle-même pourroit à peine faire, et ce
qu'elle ne feroit qu'en honorant le principe
de la souveraineté et en donnant au droit de
propriété les justes satisfactions qui lui sont
dues.

Ils croiroient probablement pouvoir se
passer d'une organisation occulte d'amortissement de l'esprit public, avec sa caisse bien
fournie, ses agens bien payés et ses opérations
onéreuses ; peut-être même penseroient-ils
commettre par là une honteuse dilapidation
des deniers de l'Etat, et reculeroient-ils à
l'idée seule du crime de concussion et du délit
de corruption, dont ils pourroient être accusés pour ce seul fait.

S'il leur prenoit fantaisie d'enrichir la capitale de quelque monument public, de quelque
bicoque dramatique, ils feroient en sorte que
cette bicoque n'entraînât pas un gaspillage de

près de deux millions ; et même avant d'en faire la dépense, réduite à ses proportions raisonnables, ils examineroient, selon toute apparence, s'il n'y auroit pas quelque autre dépense plus urgente réclamée par un besoin plus général et plus utile. Une nation riche peut dépenser pour ses plaisirs ; une nation juste ne songe à ses plaisirs qu'après avoir fait raison à tous les droits, reconnu tous les services et consolé toutes les infortunes.

Enfin les nouveaux ministres jugeroient sans doute convenable de dépouiller nos finances de l'appareil d'agiotage qu'on leur a donné, de revêtir notre politique de quelque dignité, de soumettre l'administration à des règles simples et moins oppressives, notamment pour tout ce qui n'est pas la Capitale, et de s'assurer par d'utiles complémens donnés à nos institutions, que les bienfaits de leur sagesse et de leur patriotisme ne seroient point compromis dans l'avenir.

Si l'exemple des embarras dans lesquels leurs prédécesseurs se seroient mis par un système dirigé contre le bien général, n'étoit pas assez puissant pour engager les nouveaux ministres dans l'honnête direction que nous venons d'indiquer, sans doute ce seroit un

grand malheur, puisque la France les repous-
seroit comme leurs prédécesseurs, et que
nous aurions à les combattre avec les mêmes
armes qu'il nous eût été si doux d'employer à
leur défense. Mais dans la crainte vague de
cette douloureuse déception, faudroit-il renoncer dès aujourd'hui à toute espérance et
renier le devoir imposé à tout Français en
position de le faire avec quelque autorité, de
réclamer contre le ministère actuel la juste
punition des fautes graves sous lesquelles la
France gémit ? Faudroit-il, en récompense
de ces fautes, reconnoître à ce coupable ministère le privilége perpétuel d'en commettre
de nouvelles ?

Nous n'ignorons point que l'on essaie de
détourner l'attention publique du ministère en
la portant d'un autre côté, où certains hommes
feignent de voir tous les dangers de la patrie.

Depuis quelque temps surtout la révolution
semble s'appliquer à rendre à M. de Villèle
une partie du bien qu'elle en reçoit. On diroit
deux complices qui n'ont pas l'air de se connoître en public, et qui au fond s'aident mutuellement de leurs moyens. Quoique l'un et
l'autre soient couverts d'un masque différent,
ils n'en marchent pas moins de concert vers

un but commun, quels que soient d'ailleurs
les motifs particuliers qui les fassent agir.

Le ministre fait beaucoup pour la révolution en armant toutes les forces de la politique
et de l'administration contre les choses et les
hommes et en détruisant chaque jour quelques uns des élémens de la monarchie. De son
côté, la révolution, déplaçant avec habileté la
discussion, la porte presque en entier sur le
terrain des affaires religieuses, ce qui produit
pour M. de Villèle l'avantage incontestable de
l'éloigner du terrain de la politique.

L'incident de M. de Montlosier a été imaginé par le ministère (bien certainement à
l'insu du spirituel écrivain), afin de seconder
cette tactique dont on attend les plus heureux
effets.

Ainsi la révolution, au profit temporaire
de M. de Villèle, et M. de Villèle en définitive,
au profit de la révolution, détournent, nous
ne dirons pas sur cette congrégation en général gangrenée de la soif des places, dont nous
avons démasqué la funeste hypocrisie[1], mais
sur le clergé, sur le culte et sur le dogme religieux, des attaques qui ne devroient atteindre

---

[1] *Appel d'intérêt public au Gouvernement contre le Ministère*,
pag, 213 à 219

14

que M. de Villèle. On feint de beaucoup plaindre ce pauvre M. de Villèle qui est sous le
joug du clergé et qui ne commet toutes ses
fautes que pour le bien de la religion et l'honneur du sacerdoce.

C'est le clergé qui a voulu la reconnoissance
de Saint-Domingue et qui a exigé que l'on
armât toutes les forces de la diplomatie française contre le système religieux en Espagne.
C'est bien évidemment le clergé qui a rêvé la
conversion du 5 en 3 et toutes les belles choses
que le 3 pour 100 a produites.

Dans l'état d'indifférence où se trouvent
malheureusement les esprits en matière de
religion, l'éclat dont on pourroit l'entourer,
devenu nécessaire dans le seul intérêt de la
morale publique, peut-il bien sérieusement
inspirer des craintes pour le pouvoir et la
liberté? Et n'y a-t-il pas quelque perfidie à
voir dans la religion, qui jamais ne pourroit
avoir la puissance quand elle auroit la volonté
de devenir usurpatrice, un danger d'usurpation et d'envahissement, que l'évidence nous
montre dans le ministère, exclusivement assu-
jetti à la considération de ses desseins d'ambition personnelle?

Il existe, il est vrai, un combat pour les

doctrines. Mais ce combat sert le ministère
bien loin de le gêner. Il dépendoit de lui d'y
mettre un terme ; il a préféré en entretenir
l'irritation à son profit. Le ministère tiendra
la balance entre les deux partis, ayant l'air
de faire pour chacun d'eux en particulier, et
ne voulant au fond travailler que pour lui.
S'il vient à pencher visiblement pour les intérêts révolutionnaires, ce sera foiblesse ; si
c'est en apparence pour les intérêts religieux
et monastiques, ce sera hypocrisie. Dans la
réalité, le ministère ne connoît d'autre parti
que le sien, et il sacrifiera toujours avec une
égale indifférence et la légitimité et la révolution ; il fera le bien ou le mal, non pour le mal
ou le bien en lui-même, mais pour ce qui sem-
blera devoir lui en revenir d'avantageux pour
sa politique d'usurpation.

Nous avons plus d'une fois émis et nous
émettrons de nouveau le vœu de voir tous les
Français unis dans un même sentiment d'a-
mour pour le Roi et de dévouement à nós
institutions politiques, autour de ce trône
tutélaire où réside le garant perpétuel de tous
les intérêts légitimes, comme de toutes les
opinions fondées sur la vérité. Lorsqu'on aura
loyalement senti en France que là se trouvent

tous les biens que des cœurs généreux puissent
honorablement ambitionner dans l'ordre politique, l'intrigue ministérielle n'osera plus
lutter contre la majestueuse union des intérêts nationaux.

En attendant ces jours fortunés et glorieux
pour notre patrie, nous avons cru qu'il étoit
de notre devoir d'élever une voix libre et pure
contre l'imprévoyante et tyrannique usurpation qui pèse sur elle, au préjudice des droits
du Roi et des intérêts légitimes des sujets. Ce
devoir, nous l'avons rempli avec la conscience
de n'avoir apporté dans nos attaques aucune
prévention personnelle : nous ne voulons
point être ministre; nous n'avons pour ou
contre tel homme aucun sentiment de préférence ou de haine qui ait pu influer sur nos
paroles; ce n'est point pour nous que nous
demandons d'autres ministres, c'est pour la
France.

POST-SCRIPTUM.

Au moment où cet ouvrage étoit sous presse, trois incidens politiques sont venus compliquer la position du ministère Villèle :

La chute de M. Zea ;

La négociation de l'emprunt, dit d'Haïti ;

La mésaventure du trois pour cent.

SUR LE PREMIER POINT : La politique anglaise de M. de Villèle a été vaincue dans la Péninsule ; et ceci est de toute vérité, malgré tous les efforts du ministre français et de ses apologistes pour essayer de métamorphoser aux yeux du public cette défaite en victoire. Déjà le président de la régence d'Urgel, M. le marquis de Mataflorida, objet tout récent de nouvelles persécutions de la part de M. de Villèle, vient de recevoir l'ordre de rentrer en Espagne d'où l'avoit exilé la politique ombrageuse du complice de M. Zea. Bientôt, sans doute, nous verrons la Péninsule affranchie du joug anti-espagnol et anti-français qu'on vouloit lui faire subir, reprendre enfin quelques forces dans l'appui de ses meilleurs citoyens, pour soutenir l'inviolabilité de ses droits, au profit de l'Europe et de la France monarchiques. Bientôt nous verrons se dérouler cet amas d'actes oppresseurs par lesquels M. de Villèle vouloit contraindre la noble Espagne à se faire l'instrument de ses perfides desseins au profit de *la maîtresse des nations*, comme les complaisances de M. de Villèle ont autorisé Bolivar à nommer l'Angleterre.

Les observations que nous avons consignées dans le chapitre VIII du présent ouvrage subsistent dans toute leur force. Le rôle pitoyable joué par la diplomatie française dans la chute du ministre espagnol, vient y ajouter encore un degré de plus de gravité. C'est en cachette de la France et en haine de sa politique que ce changement a eu lieu. Ainsi, nous, les libérateurs de l'Espagne, nous en sommes considérés comme les ennemis; et la France ne peut plus reprendre le rang et les avantages de puissance amie à l'égard de l'Espagne, que lorsqu'elle aura dissipé toutes les défiances en répudiant et le système anglo-républicain qui les a excitées et le déplorable ministre qui a pu adopter et suivre ce triste système. Lorsque devant les Chambres (si le ministre dure jusque-là), on lui demandera compte de l'état de nos relations avec l'Espagne, M. de Villèle ne manquera pas de renier M. Zea ; peut-être même ira-t-il jusqu'à dire que n'étant point ministre des affaires étrangères, ceci ne le regarde point. Nous nous chargerions, dans l'un et dans l'autre cas, de prouver à M. de Villèle que M. Zea fut son homme comme lui-même est celui de M. Canning, et que soit pour les affaires étrangères, soit pour la marine, soit pour l'intérieur, soit pour tout autre département ministériel, il n'y a depuis long-temps d'autre ministre en France que l'auteur du trois pour cent.

Sur le second point : L'emprunt, dit d'Haïti, a été négocié, Dieu sait comment ; et cet emprunt a été effectué sous le patronage de M. de Villèle, agissant comme ministre des finances. On aura plus tard à demander à M. de Villèle, qu'il soit encore ministre, ou

qu'il ne le soit plus, comment il a pu se croire
autorisé à garantir, autant qu'il dépendoit
de lui, la sûreté d'un emprunt dont l'objet,
ainsi que nous l'avons démontré (chap. VII
du présent ouvrage) réclame l'intervention
de toutes les solennités légales. M. de Villèle
s'imagine, en engageant par des faits la question de Saint-Domingue, de faire que cette
question sera plus facilement enlevée dans les
Chambres, et en quelque sorte amortie dans
l'opinion. M. de Villèle se trompe : son emprunt d'Haïti qui ne repose sur aucune garantie légale, tombera comme l'ancien privilégié de ses affections, l'emprunt des Cortès ;
il n'aura paru que pour faire éclater l'audace
d'un ministre qui croit tout gagner en osant
tout, et pour donner une seconde leçon,
aussi inutile probablement que la première,
aux dupes qui se seroient jetées tête baissée
dans le nouvel emprunt, comme elles s'étoient
jetées dans l'ancien, sans doute (chose assez
remarquable), parce que l'un et l'autre se
trouveront précisément avoir en tout paru sous
les mêmes auspices et par les soins du même
négociateur ; enfin, M. de Villèle n'aura fait
qu'ajouter un chef de plus à l'acte d'accusation
qui pèse sur sa tête.

SUR LE TROISIÈME POINT : Le 3 pour cent soutenu par toutes les forces de l'amortissement, le 3 pour cent, objet constant des sollicitudes ministérielles, tombe à plat ; et les Français, lassés de la domination de M. de Villèle, pensent que M. de Villèle va tomber à l'instant et par le seul contre-coup de cette chute. Nous pensons qu'on est dans l'erreur. M. de Villèle n'est pas de ces hommes qui s'en vont ; M. de Villèle est de l'espèce de ces êtres tenaces, d'autant plus difficiles à faire disparoître, qu'ils échappent plus facilement par leur exiguité à l'œil de qui veut s'en défaire, et dont on ne peut se débarrasser qu'avec l'aide des remèdes les plus décisifs. M. de Villèle restera jusqu'à ce qu'on le chasse par un acte d'accusation, par une enquête sévère sur les nombreux actes illégaux et anti-français de sa conduite ministérielle ; jusques-là il sacrifiera tout à son salut personnel, et l'intérêt de la France, et ses amis, et ses propres systèmes. Ce ne sera pas lui qui aura fait le mal, ce seront ses ennemis, peut-être ses complices ; lui n'aura voulu que le bien, mais il aura été desservi par ses adversaires, ou mal secondé par ses serviteurs. Il n'y aura donc que lui encore pour sauver l'Etat, et il

faudra. bien qu'on le garde. On le gardera
donc, jusqu'au jour où la France indignée,
où les Chambres consciencieuses, feront entendre contre lui le cri d'une réprobation
constitutionnellement exprimée dans un but
de poursuite rigoureuse à raison de ses actes
criminels. Lorsque les accusateurs et les juges
constitutionnels des ministres seront assem-
blés, nous rappellerons les doléances de la
France : le Roi est juste ; les Chambres feront
leur devoir.

M. de Villèle devoit faire refluer l'argent
sur les provinces; il l'a tout attiré à Paris,
où depuis il est devenu rare dans la circulation, non que l'argent des provinces
soit revenu à ses anciens placemens, mais
parce que la méfiance le tient captif dans
les coffres du capitaliste effrayé de tout ce
qui se passe à la Bourse et de tout ce que
l'avenir présage de désastres dans nos finances. L'agriculture, l'industrie, le commerce,
ont été appauvris par les faux systèmes de
M. de Villèle ; la Capitale en souffre comme
les provinces ; tout ce qui est arrivé par l'application de ces faux systèmes avoit été prédit à M. de Villèle : nous ne savons ce que

M. de Villèle pourra répondre de raisonnable et de concluant, lorsqu'il sera solennellement adjuré de s'expliquer sur toutes ces
calamités financières, par des hommes qui,
avec la conscience du mal qu'il a fait, auront
le pouvoir et seront invités par l'opinion à
se donner la volonté d'y mettre un terme,
en réprouvant celui qui s'en est rendu coupable. Le temps n'est pas éloigné où justice
sera faite de cette légèreté criminelle qui a
porté le trouble dans les diverses branches de
la prospérité publique et la désolation dans
tant de familles.

Nous ne terminerons pas ce *Post-Scriptum*
sans dire quelques mots d'un autre incident,
moitié grave, moitié comique, comme tout
ce qui arrive de ce côté, qui, par les soins de
M. Sosthène de la Rochefaucault, est venu
tout récemment encore affliger et égayer tout
ensemble les lecteurs français. Ce sera la petite pièce après la grande.

Lorsque, dans notre chapitre *de la liberté
de la presse*, nous avons parlé (pag. 175) de
l'état-major et de la *comptabilité* de la caisse
d'amortissement de l'esprit public, nous nous
attendions peu à voir les corrupteurs dont nous

signalions les actes odieux, venir sitôt nous
fournir une nouvelle preuve publique de la vérité de nos paroles.

Le rédacteur en chef du *Mercure du dix-
neuvième siècle* a publié, dans son numéro
du 12 novembre, l'article suivant :

« Nos abonnés sont avertis que nous avons
contracté hier, à quatre heures du soir, l'en-
gagement dont la teneur suit :

« Je reconnois avoir reçu la somme de
» *quinze cents francs* pour compte du *Mer-
» cure*, afin que ledit journal n'attaque point,
» à partir de ce jour, pendant un an, ni l'ad-
» ministration de la maison du Roi, ni la per-
» sonne de M. le vicomte Sosthène de la Ro-
» chefoucault.

   » Paris, 11 novembre 1825.

        » *Le rédacteur en chef.* »

« Nous tiendrons fidèlement les conditions
de ce marché. Maîtres de disposer de la somme
reçue, nous avons pensé que nos lecteurs nous
pardonneroient le sacrifice de quelques plai-
santeries bonnes ou mauvaises, en faveur de
l'emploi que nous nous sommes empressés de

faire de cette petite part du budget ministériel.

« Je soussigné reconnois avoir reçu de
» M. le rédacteur en chef du *Mercure du dix-*
» *neuvième siècle* la somme de *quinze cents*
» *francs*, pour être versée chez MM. André
» et Cottier, trésoriers du comité grec.

» Paris, 11 novembre 1825, cinq heures du soir.

» Pour M. G. L. TERNAUX l'aîné, *Président*
» *du comité grec;*

» TH. CLIQUOT (son neveu). »

La *pièce de comptabilité*, réclamée du rédacteur en chef du *Mercure* par l'agent de
M. Sosthène, nous a paru assez curieuse pour
être consignée ici.

Le Constitutionnel termine ainsi des réflexions inspirées par cette singulière révéla-
tion :

« Que cette flagellation publique, donnée
à certains hommes, les avertisse enfin qu'ils
ne doivent pas juger de la littérature fran-

çaise par les livrées de leur antichambre ; que la corruption en habit brodé cesse un commerce indigne d'une nation polie ; que la fausse piété ne dégrade plus la religion en allant, une bourse à la main, séduire ou marchander les consciences.

» La France est fatiguée de tant d'opprobre ! »

Nous ne saurions pour le moment rien ajouter à un tel fait et à de telles observations, si ce n'est que tout ceci se passoit le jour même choisi par M. le directeur des Beaux-Arts pour l'inauguration triomphale de la bicoque dramatique de Favart, qui a coûté seulement la bagatelle de près de deux millions. Nous renvoyons, pour les réflexions, au chapitre X du présent écrit, nous proposant·à loisir de parler plus au long de ces dépenses nationales pour un théâtre qui peut être à la mode pour quelques *dilettanti*, ou soi-disant tels, mais qui certainement n'est point national.

FIN.

NOTES.

(*a*) Nous avons jugé qu'il pouvoit être utile de rapporter ici en entier un article extrait du *Journal des Débats* du 4 septembre, et dans lequel M. le vicomte de Chateaubriand a déposé l'expression des sentimens que la mort de Bessières a fait éprouver à toutes les âmes généreuses. Nos lecteurs nous sauront gré de cette citation, qui ajoute à ce que nous avons dit de la situation de l'Espagne et des fautes du ministère à cet égard, l'autorité d'une grande illustration politique et d'un beau talent.

Ecoutons le noble pair :

« Bessières n'est plus : tout homme, estimable ou non estimable, qui, à tort ou à raison, lève, par un motif ou par un autre, l'étendard contre un gouvernement établi, se condamne éventuellement à la mort. La société attaquée se défend contre cet homme, le prend, le tue ; c'est à la fois le droit naturel et le droit politique : il n'y a rien à dire contre et sur ce fait, en tant que fait.

» Moralement parlant, l'homme sera plus ou moins criminel, s'il est royaliste et qu'il se soit révolté contre son Roi, s'il est républicain et qu'il ait pris les armes contre la république. Mais la justice ne connoît point de l'ordre moral, ou du moins elle

•n'en connoît que ce qui trouble l'ordre social; elle ne frappe que lorsqu'il y a action accomplie ou commencée : le reste, elle l'abandonne à l'opinion humaine et à la sentence de Dieu.

» Ainsi, Bessières et ses adhérens ont péri : dans le droit rigide, il n'y a pas une objection à faire, en supposant toutefois qu'ils ont été *convaincus* et *jugés*. Que le Roi du ciel les ait traités avec plus de miséricorde que les princes de la terre, c'est tout ce qu'on peut leur souhaiter à présent.

» Mais de cette exécution découlent des conséquences si graves pour l'ordre monarchique absolu et pour l'ordre monarchique constitutionnel, qu'il est important de les examiner.

» Bessières s'étoit insurgé contre les Cortès; seul il avoit conservé et défendu contre elles Mequinenza; il avoit porté la guerre jusqu'aux campagnes de Madrid, et quand notre armée entra dans cette capitale, Bessières marchoit d'accord avec nos soldats. Mequinenza restée en sa puissance, servit de communication à nos troupes, entre l'Aragon et la Catalogne.

» Ainsi voilà l'identité reconnue : c'est un *royaliste* que l'on vient de fusiller avec sept autres royalistes.

» Par qui cet acte de rigueur a-t-il été accompli? Par les Cortès? Non : par le gouvernement absolu, pour lequel Bessières et ses compagnons avoient tout fait.

» On ne leur a tenu compte d'aucun souvenir : le passé n'a sollicité aucune miséricorde; aucun mouvement de reconnoissance ne s'est fait apercevoir; aucun attendrissement n'a réveillé le droit de grâce; tous les services rendus pendant de longues années ont été effacés par le crime d'un moment : Bessières a été fusillé.

» Mais n'auroit-il point cru seconder des vues, des désirs secrets, en se précipitant dans son projet désespéré? N'auroit-il pas cru deviner une pensée? N'auroit-il pas voulu délivrer le pouvoir d'une modération dont on abhorroit jusqu'à l'espérance? Peut-être; mais il falloit réussir · Bessières a été fusillé.

» Mais ceux qui ont porté les armes contre l'ancienne monarchie espagnole, ceux dont Bessières a contribué à délivrer cette monarchie, et qui auroient fusillé Bessières, les Abisbal, les Morillo, les Ballestéros, etc. n'ont-ils pas obtenu leur pardon? N'est-ce pas avoir été bien doux pour les uns, bien sévère pour les autres?

» Si Bessières avoit suivi le parti des constitutionnels, et qu'ensuite il n'eût pas tenté, par excès d'un autre zèle, de rendre l'arbitraire plus arbitraire encore, il vivroit donc aujourd'hui paisible, avec la fortune, les grades, les honneurs conquis sous les drapeaux des Cortès? Sans doute.

» Telles sont les réflexions qui vont se présenter aux amis et aux ennemis des Rois. Les uns gémiront, les autres feront éclater leur joie; et pour point de comparaison, le général la Fayette reviendra bientôt enrichi, paré, couronné des mains d'une république reconnoissante.

» Mais si des royalistes ont été condamnés, des constitutionnels ne l'ont-ils pas été pareillement? C'est justice pour tous!

» Ces justices-là ne consolent guère, et pour les exercer, il faut de certaines conditions.

» La force peut abattre; elle passe d'une exécution à un champ de bataille. L'homme qui expose sa vie, croit avoir le droit de mépriser celle des autres; il contient l'indignation par la terreur; il fait du silence avec de la gloire.

» Mais la foiblesse doit y regarder de plus près; ses violences irritent, parce qu'elles flétrissent en même temps qu'elles tuent. Pour porter l'épée, il faut un bras; il faut aller à la bouche du canon, quand on veut apprendre à fusiller. Un ministre absolu qui casse la tête à des citoyens par sa fenêtre et du coin de son feu, s'expose à voir briser les portes des palais.

» On a pendu des constitutionnels, comme on vient de fusiller des royalistes. C'est justice pour tous!

» Qu'on y fasse attention : dans la théorie des échafauds, suivant Machiavel, il n'est pas bon de tuer indistinctement; il faut tuer dans un système, pour un intérêt, pour une abstraction

15

même; l'impartialité politique en fait de sang est funeste. Aussi voyez-vous que les puissances despotiques, comme les factions populaires, égorgent toujours avec un but, et sous l'empire d'une pensée.

« » Mais quand on prend au hasard dans toutes les opinions, que l'on frappe à droite et à gauche royalistes et constitutionnels, amis et ennemis, cela ne va pas loin. Un gouvernement devroit surtout éviter, autant que possible, ces manières-là, lorsqu'il en est réduit à l'extrême malheur de garder, pour sa sûreté, des baïonnettes étrangères.

» Nous pensons donc que les ministres espagnols eussent mieux agi, dans les intérêts et dans les sentimens généreux d'un Bourbon, s'ils avoient fait appliquer le droit de grâce à Bessières, en considération de ses services passés; nous pensons que cet acte de mansuétude (dont Naples donne en ce moment un exemple heureux) eût été plus utile aux monarchies en général, et à la monarchie de Ferdinand en particulier, que la stricte justice exercée envers des hommes, d'ailleurs si criminels : le pardon n'eût laissé qu'un traître où la condamnation ne va montrer qu'un martyr.

» Recherchons maintenant les enseignemens que l'on peut tirer de cet événement, pour la monarchie constitutionnelle.

» Bessières a pris (à ce que l'on présume) les armes pour l'absolutisme ; il ne jugeoit pas son Roi assez maître de ses volontés : il a péri victime de son erreur.

» Or, supposé qu'il eût existé des institutions en Espagne, que fût-il arrivé à Bessières?

» Auroit-on vu paroître ce décret du 22 août, qui rappelle celui du 17, et dans lequel il est dit, article 2 : « Tous les indi-
» vidus susdits (Bessières et ses compagnons), aussitôt qu'ils
» auront été pris seront passés par les armes, sans autre délai
» que le temps nécessaire pour qu'ils se préparent à mourir
» chrétiennement? »

» Bessières auroit-il pu être mis ainsi hors la loi par une ordonnance au simple contre-seing d'un ministre? Eh quoi! la justice humaine n'a-t-elle pas aussi ses délais nécessaires, ses indulgences, ses assistances charitables? Condamne-t-elle sans entendre? Quoi! pris, et par ce seul fait fusillé sans procès, ou tout au plus avec quelque vaine forme de tribunal!

» On a vu en France, dans l'ordre civil, à la gloire immortelle de la monarchie représentative, un tribunal, le plus auguste des tribunaux, employer un temps considérable à juger : qui? Louvel!

» Dans l'ordre militaire on a vu, en France, prononcer lentement et avec toutes les précautions d'un tribunal institué, sur le sort de plusieurs hommes accusés de s'être révoltés contre leur souverain; on a vu les juges écouter attentivement, patiemment les plaidoiries publiques, trouver des innocens parmi les coupables, graduer les peines, et implorer avec un succès toujours assuré auprès des descendans d'Henri IV, la miséricorde royale.

» Que les amis du trône qui pourroient, encore parmi nous, conserver quelques préjugés, apprennent, par le sort de Bessières, à bénir la Charte; qu'ils se souviennent de la prétendue conspiration du bord de l'eau, dans laquelle on enveloppoit jusqu'à l'héritier de la couronne; qu'ils se rappellent le procès du général Canuel, et qu'ils disent quelle eût été la destinée de tant de royalistes, si tout eût été, comme en Espagne, abandonné à la seule volonté d'un ministère et de ses passions!

» Infortuné Bessières, vous avez voulu prendre les armes contre la pensée même de ces institutions qui vous auroient peut-être sauvé; qui, du moins, ne vous auroient laissé périr ni sans défenseur, ni sans consolation sur la terre!

» Depuis l'époque de l'accession de la Maison d'Autriche au trône d'Espagne, l'action unique du monarque a été substituée à l'action de la loi. Les anciennes Cortès ont péri, et la justice criminelle a cessé d'avoir les garanties nécessaires.

» Le Roi fait la loi et l'exécute; il crée le délit et la peine; il

définit le crime, désigne le coupable, le condamne à mort, et
tout cela dans le même décret. Et il n'y a rien à blâmer, car telle
est devenue la Constitution de l'Etat. Mais les conséquences
d'une pareille Constitution sont inévitables.

» Dans un pays où une volonté suprême fait tout, les volontés
intermédiaires se constituent pouvoir, en vertu du même droit :
le sceptre absolu inféode leur poignard, et elles établissent leur
justice sur les grands chemins, et dans les bois.

» Dans un pays ou la liberté des opinions n'est pas légale, on
ne peut exprimer sa pensée que par des actes ; on s'insurge
quand il n'est permis ni d'écrire, ni de parler ; on se jette dans
des entreprises funestes quand on n'a aucune autre ressource
pour manifester la vérité. Si depuis 1815 jusqu'à 1819, les
royalistes, en France, n'avoient pu faire entendre leurs voix,
qui sait si dans leur désespoir ils n'auroient pas été poussés à
des extrémités déplorables? La Charte leur fournit heureu-
sement un moyen de combattre leurs ennemis ; ils triomphèrent
sans devenir coupables ; il n'en coûta que la retraite de quelques
ministres.

» Il paroîtroit, d'après tous les rapports, que le système ministériel est sur le point de faire en Espagne le mal qu'il fait en
France ; mais, se trouvant placé dans un autre ordre de choses
politique, chez une nation d'un esprit différent, il produit des
effets encore plus marqués

» Il n'existoit que deux partis au delà des Pyrénées, les ab-
solutistes et les négros, c'est-à-dire des royalistes et des constitutionnels à la manière des passions du sol et des intérêts nationaux.

» Au milieu de ces deux grandes divisions sont venus, assure-
t-on, s'interposer des ministres, lesquels auroient formé, à l'aide
des places, un parti ministériel en dehors des deux masses de la
nation.

» Partout où se formera un pareil parti ministériel, qui n'ap-
partiendra ni aux supériorités intellectuelles, ni à l'une des
grandes opinions du pays, ou qui, étant sorti d'une de ces opi-

nions, l'aura abandonnée, ce parti se fera reconnoitre à des traits propres à sa nature.

» Des nuances doivent sans doute exister entre un parti ministériel à Madrid et un parti ministériel à Paris : ici, par exemple, les opinions sont moins absolues, plus diverses et plus conciliables qu'en Espagne ; par conséquent cette différence politique doit en produire une dans le mode d'action des individus ; mais, en général, le caractère du parti ministériel tel que nous venons de le définir, restera le même · ce parti sera en tous lieux foible, envieux, irascible, corrupteur ou persécuteur, parce qu'il sent qu'il ne convient à personne.

» Pourquoi le parti ministériel parmi nous ne se montre-t-il pas aussi violent qu'en Espagne? C'est qu'il ne le peut. Délivrez-le des institutions dont il est muselé et qu'il essaie de déchirer sans cesse, et vous verrez ce qu'il fera. Il n'en est aux outrages, aux injures, aux calomnies, aux ingratitudes, aux destitutions que faute de mieux. Donnez-lui la censure, et il augmentera le poids de son oppression ; supprimez la Charte, et il vous enverra aux galères ou à l'échafaud, si vous avez attiré sa haine. Et il ne faut pour cela ni fanatisme, ni passions véhémentes comme de l'autre côté des Pyrénées. L'amour-propre en France suffit à tout : implacable dans sa vengeance, il vous étoufferoit pour justifier une faute, comme ailleurs on vous feroit disparoitre pour cacher un crime.

» Ne comptez pas sur la bonhomie de la sottise ; en politique la sottise est féroce. La médiocrité a son fanatisme ; c'est une religion fort répandue, qui a ses dieux, ses autels, ses sacrifices : elle choisit ordinairement les plus belles victimes.

» L'Espagne auroit pu être heureuse : il ne s'agissoit d'abord pour fermer les plaies de la révolution, que d'écouter les sages conseils de son libérateur. Ensuite, pour ne pas lutter inutilement contre ses vieilles mœurs, il eût suffi de lui rendre ses vieilles lois, de lui restituer ses anciennes Cortès. Elle eût adoré la liberté si elle l'avoit reconnue pour espagnole, pour sa propre fille Le monarque, appuyé par la loi, n'en eût été que plus res-

pecté et plus puissant. Le clergé, possesseur des grandes richesses territoriales, le clergé réformé et sorti des intrigues du
cloitre, auroit repris des mœurs politiques, restauré le crédit en
payant les dettes de l'Etat, et répandu au dehors cet esprit d'administration qui le distingue; les grands, cessant d'être les esclaves de la cour, se seroient ressaisis de leur influence aristo-
cratique, tandis que les villes qui députoient aux Cortès, auroient
ranimé les libertés populaires. D'une autre part, le régime mu-
nicipal romain, introduit de tout temps au-delà des monts, est
excellent, et les communes en Espagne jouissent d'une entière
indépendance. Toutes les bases de la monarchie constitutionnelle
se seroient donc trouvées fondées, et peut-être mieux qu'en
France, et cela sans révolution, sans spoliations, sans victimes,
sans malheurs, en rétablissant seulement le passé : le temps auroit fait le reste. D'autres desseins ont prévalu.

» Puisse le trône du petit-fils de Louis XIV, puissent nos
nobles et infortunés voisins profiter de la mort de Bessières! On
ne peut guère l'espérer. Quant à nous, elle n'a pas même servi
à nos misères du jour; elle n'a pu faire monter les 3 pour 100.
On conçoit que la dépouille d'un royaliste devienne matière
d'agiotage; mais son sang à quoi est-il bon dans une monarchie? »

(b) Les motifs qui nous ont déterminés à consigner
l'article de M. de Chateaubriand sur la mort de Bessières,
nous engagent plus particulièrement à joindre ici les deux
articles que le noble pair a plus récemment publiés sur notre situation présente et les dangers auxquels les fautes du
ministère exposent l'existence même du trône. On ne sauroit trop méditer de telles leçons dont tout le monde peut
apprécier la vérité, mais que l'illustre écrivain du *Conservateur* pouvoit seul tracer dignement.

(EXTRAIT du *Journal des Débats* du 25 octobre.)

« La presse périodique est une force immense sortie de la civilisation moderne : on ne l'étoufferoit ni par la violence, ni par le dédain. Née des besoins de la société nouvelle, elle a pris son rang parmi ces faits que les hommes n'abandonnent plus, une fois qu'ils en sont saisis ; elle a remplacé pour nous la tribune populaire des anciens ; elle est à l'imprimerie ce que l'imprimerie a été à l'écriture. Il n'est au pouvoir de personne de la détruire, pas plus que d'anéantir les grandes découvertes qui ont changé la face du monde. Il faut vivre, quoi qu'on en ait, avec la boussole, la poudre à canon, l'imprimerie, et, de nos jours, avec la machine à vapeur : c'est fort malheureux sans doute ; mais c'est comme cela ; qu'y faire ?

» Ainsi, la presse périodique proclame aujourd'hui des vérités qui n'étoient autrefois renfermées que dans des livres ; elle les rend familières et les met à la portée de tous.

» Pour nous, qui ne connoissons que le salut du prince et de la patrie, qui ne demandons rien, qui ne craignons personne, qui sommes habitués aux persécutions, et qui nous croyons au dessus des injures, nous continuerons à énoncer, sans déguisement, ce qui nous paroitra utile au trône et à la France.

» Le monde, comme on le mène, va à la république : nous l'avons dit, nous le répétons ; et ce crime de lèse-monarchie est dû en grande partie au ministère actuel.

» Il y avoit un moyen assuré d'éviter tout péril ; c'étoit d'arrêter le monde dans la monarchie constitutionnelle. Or, les amis du ministère nous disent que la Charte n'est qu'un cadre disloqué, et qu'*il faut que la royauté se convertisse en despotisme.* De l'autre côté de ce despotisme d'un moment, on se trouveroit face à face avec la république.

» Dans le discours d'adieux du président des Etats-Unis au général la Fayette, discours d'ailleurs remarquable de tout point, nous lisons ce passage : « Pendant ce long espace de » temps (il auroit dû dire pendant ce court), le peuple des » Etats-Unis, pour qui et avec qui vous avez pris part aux ba- » tailles de la liberté, a joui pleinement de ses fruits et a été » l'un des plus heureux dans la famille des nations, voyant sa » population s'accroitre et son territoire s'agrandir, agissant et » souffrant selon les conditions de sa nature, et jetant les fon- » demens *de la plus grande, et, nous l'espérons sincèrement,* » *de la plus bienfaisante puissance qui ait jamais réglé les inté-* » *rêts humains sur la terre.* »

» Le général la Fayette répond : « Avoir été dans les circon- » stances les plus critiques, adopté par l'Union comme un fils » chéri ; avoir participé aux travaux et aux périls de la noble » lutte qui avoit pour objet l'indépendance, la liberté et l'éga- » lité des droits ; avoir pris part à la fondation de *l'ère améri-* » *caine qui a déjà traversé et qui doit encore, pour la dignité et* » *le bonheur de l'espèce humaine, traverser chaque partie d'un* » *autre hémisphère.* . . . . Tels ont été la gloire, » l'encouragement, etc. »

» Le chef d'un puissant Etat raconte des faits ; un citoyen adoptif exprime des vœux : voilà où l'on en est pour les idées de république.

» Parmi les Rois de France qui ont été l'objet des éloges du président des Etats-Unis, on eût désiré trouver le nom de Louis XVI, principal auteur et innocente victime de la liberté américaine.

» Et les Etats-Unis ne sont plus seuls à influer sur l'esprit des peuples ; ils ont créé autour d'eux tout un monde républicain, qui bientôt va tenir son Congrès général à Panama Les discours qui seront prononcés dans cette réunion retentiront au-delà des mers. Que produiront-ils ? La seule déclaration des droits de l'homme, par les Etats-Unis, nous donna les sanglantes satur- nales de 1793

» Les esprits, toutefois, étoient-ils préparés, comme ils le sont aujourd'hui, à recevoir des impressions populaires? N'y avoit-il pas encore, en 1789, des ordres politiques, de grands propriétaires, des corporations, d'antiques mœurs, de vieilles habitudes, de récens souvenirs, qui luttoient contre les nouvelles doctrines? Depuis cette époque, la révolution a fait rouler sur la France son pesant niveau : tout en a été écrasé, choses et hommes. Les illusions du passé ont disparu ; les appuis du trône ont été brisés ; chaque individu, devenu libre par ses malheurs, a appris à ne compter que sur lui-même, à ne s'estimer que par ses qualités propres ; et cette légitimité naturelle, qui remplaça la légitimité politique absente, a fondé dans les esprits une indépendance désormais invincible.

» En même temps ce sentiment de liberté ne vient plus des agrégations démocratiques, des masses passionnées et tumultuaires ; ce ne sont plus les classes ignorantes, mais les classes éclairées qui penchent aux réformes. Si des révolutions devoient encore avoir lieu, il est probable qu'elles s'effectueroient avec moins de violence, moins d'effusion de sang, moins d'injustices, moins de spoliations : ce seroit un changement politique élaboré et amené à point par le temps, comme le soleil mûrit un fruit. La république représentative a ses formes toutes trouvées ; et cette république, qu'on auroit pu repousser à jamais avec la monarchie représentative, franchement admise, seroit là pour en consacrer les libertés méconnues.

» Il y a des hommes qui ne veulent rien voir, ou qui ne peuvent rien voir de ce qui se passe autour d'eux. Tout annonce qu'une révolution générale s'opère dans la société humaine, et ceux qui devroient en être le plus persuadés, ont l'air de croire que tout va comme il y a mille ans.

» Dans l'ordre moral, l'affoiblissement de la foi chrétienne a rendu les mœurs moins puissantes ; le système politique a été ébranlé par les coups que l'on a portés au système religieux.

» Dans l'ordre physique, le développement inouï de l'industrie, la diffusion des lumières parmi les classes inférieures de la société, ont multiplié les ressources des peuples, en même temps qu'elles les ont rendus indociles à tout pouvoir qui ne se fonde pas sur la raison.

» Jetez un regard sur le monde, et voyez le spectacle qu'il vous présente.

» Des républiques occupent une immense partie de la terre sur les rivages des deux Océans; chez ces peuples qui ont toute la vigueur de la jeunesse, dans ces pays vierges encore, la civilisation perfectionnée de l'ancienne Europe va prêter ses secours à une nature puissante et énergique. Les machines de l'Angleterre exploiteront les mines de l'Amérique découverte, pour ainsi dire, une seconde fois. Des bateaux à vapeur remonteront tous ces fleuves destinés à devenir des communications faciles, après avoir été d'invincibles obstacles : les bords de ces fleuves se couvriront en peu de temps de villes et de villages, comme nous avons vu sous nos yeux de nouveaux Etats américains sortir des déserts du Kentukey. Dans ces forêts réputées impénétrables, bientot passeront sur des chemins de fer, comme sur les routes de la Grande-Bretagne, ces espèces de chariots enchantés marchant sans chevaux, transportant à la fois avec une vitesse extraordinaire des poids énormes et cinq à six cents voyageurs. Sur ces fleuves, sur ces chemins, descendront avec les arbres pour la construction des vaisseaux, les richesses des mines qui serviront à les payer ; et l'isthme qui unit l'une et l'autre Amérique, rompra sa barrière, pour donner passage à ces vaisseaux dans l'un et l'autre Océan.

» La nouvelle marine, qui emprunte du feu son mouvement, ne borne pas ses efforts à la navigation des fleuves ; elle affronte aussi les mers : les distances s'abrègent ; il n'y a plus de courans, de moussons, de vents contraires, de ports fermés en certaine saison de l'année.

» L'art de la guerre subit à son tour une altération notable : l'embouchure des rivières est défendue par des forteresses mobiles qui vomissent des feux et des eaux bouillantes ; des projectiles d'une force et d'une forme inconnues sont inventés ; la vapeur lance le boulet plus vite et plus sûrement que la poudre, et il est impossible de dire, avec les essais qui se multiplient, à quels résultats inattendus ces nouveaux arts peuvent arriver.

» Et tandis que l'Amérique se transforme et vient, monde nouveau et civilisé, mettre son poids dans la balance des empires, le gouvernement britannique fait découvrir les régions hyperboréennes et achever la reconnoissance de la terre [1], une compagnie de marchands anglais complète son occupation dans l'Inde, réunit à ses territoires le royaume d'Aracan, et s'approche des frontières de la Chine, dont on déclare déjà la conquête assurée avec une armée de 3o,ooo hommes.

» Cette Grèce, qui jadis héroïque, libre et riante, cette Grèce, toujours héroïque, mais aujourd'hui opprimée et désolée, voit encore l'Angleterre placée à ses avant-postes ; celle-ci la recevra dans ses bras lorsqu'elle aura été repoussée de ceux de tous les princes chrétiens.

» Que faisons-nous au milieu de ce mouvement du Monde ? Nous opposons au Congrès de Panama la réunion de tous les commis des finances autour d'un ministre. Aux discours du président des Etats-Unis, aux proclamations prochaines des nouveaux gouvernemens libres, nous répondons par des projets de censure et des procès en tendance. Nous ne cherchons pas sous le pôle des routes ignorées, nous n'avons pas la prétention de donner dans l'Inde un royaume à nos marchands, et peu nous importe la Grèce ; il nous suffit de connoître les rues qui mènent à la Bourse, et de conquérir un franc sur quelques misérables rentiers Quand on mesure nos hommes d'Etat à l'échelle des événemens, c'est véritablement alors que leur petitesse effraie.

» Tout nous oblige donc à croire que l'espèce humaine marche à de nouvelles destinées ; mais si un homme d'Etat ne pouvoit, sans être atteint de folie, essayer de remonter le torrent

---

1 Le capitaine Parry vient de revenir de sa troisième expédition, mais le capitaine Francklin continue la sienne par terre.

des siècles, il seroit encore plus insensé de s'y livrer aveuglément.

» A une époque qui n'est pas encore fort éloignée, on a pu établir dans les Amériques espagnoles le système monarchique avec une véritable liberté. L'Angleterre n'avoit point encore tranché la question ; nous osons assurer qu'elle l'eût plus mûrement examinée, si l'on eût continué à lui opposer les raisons, le calme et la fermeté qui l'avoient empêchée d'abord de se précipiter trop vite dans la route qu'elle a depuis suivie. Elle eût fini par reconnoître elle-même que ses intérêts commerciaux pouvoient également être assurés, sans compromettre dans une postérité assez rapprochée, son existence monarchique. Il étoit encore possible de réveiller dans certains cabinets les idées généreuses qui leur étoient naturelles, et dont les traces existent partout dans les documens diplomatiques ; idées qui n'ont été étouffées, au grand malheur de l'espèce humaine, que par des conseils rétrécis.

» Les bases étoient posées ; le double travail de tempérer les uns, d'éclairer les autres, s'avançoit . encore un peu de patience, et un ouvrage immense qui décidoit de la nature de l'avenir, qui donnoit une grande gloire à la France, pouvoit s'achever. Soudain tout a été interrompu ; l'intérêt des peuples et des rois a été immolé à de basses envies. L'Angleterre, dégagée de toute représentation raisonnable, a reconnu les républiques espagnoles, avant de s'être bien assurée que toute autre forme politique n'étoit pas incompatible avec l'indépendance et la liberté de ces nouveaux Etats : de ce jour le destin du monde a été changé.

» Alors quelques administrateurs, parmi nous, ne se doutant pas de ce qu'ils faisoient, ne sachant pas qu'ils confirmoient le plus vaste de tous les systèmes, croyant ne prendre qu'une mesure populaire de commerce, croyant ne jouer qu'un coup heureux à la Bourse ; quelques administrateurs, disons-nous, par une sorte d'étourderie politique naturelle à la légèreté de leur esprit, ont achevé l'ouvrage commencé . ils ont, sans mesure législative, lancé à leur tour dans le monde une république de la plus formidable espèce pour la sûreté domestique et pour celle des colonies, pour les intérêts de la propriété et pour la stabilité de l'ordre monarchique.

» Et quels sont les hommes qui ont versé dans ce système républicain? Sont-ce des hommes amis de la liberté des peuples, des hommes qui aient favorisé cette liberté dans leur patrie, des hommes qui aient maintenu nos institutions, qui en aient voulu le développement, et appelé toutes les conséquences? Non : ce sont les auteurs de la censure, les admoniteurs de l'indépendance des tribunaux, les marchands de procès, les brocanteurs d'opinion, les trafiquans de consciences, les joueurs à la Bourse, les convertisseurs de rentiers, les petits tyrans domestiques dont les élèves brûleraient avec joie la Charte en place de Grève, par la main du bourreau. Voilà les hommes qui devoient propager sur la terre le système républicain! Et nous, que l'on accuse d'un trop grand penchant aux idées constitutionnelles, nous que l'on voudroit bien accuser encore de n'être pas royalistes, si la chose étoit possible; c'est nous qui défendons la monarchie contre le républicanisme ministériel ?

» Tel est le malheur d'un État, quand il est conduit par des ministres sans principes arrêtés; ils flottent au hasard; et, selon les besoins du jour, ils abondent, tantôt dans une opinion, tantôt dans une autre : despotes à l'intérieur, républicains au dehors; double moyen d'amener des catastrophes.

» Mais les événemens échappent aux mains qui ne peuvent les diriger; tandis que l'on reste stationnaire ou que l'on se jette tête baissée dans des abimes, le temps fui, et le monde s'arrange malgré nous.

» Qu'un ministre tombe à l'intérieur dans des erreurs considérables, qu'il protège les méchans, qu'il écarte les gens de bien, qu'il propose de mauvaises lois, qu'il prenne de fausses mesures : il y a remède à tous ces maux, mais ce qui ne se répare point, ce sont les fautes commises au dehors. Des guerres longues et sanglantes ne rétabliroient pas ce qui souvent n'au-

roit coûté qu'une dépêche diplomatique ; on ne peut pas faire ,
aujourd'hui par exemple , que l'Amérique ne soit pas républicaine : on verra tôt ou tard où cela conduira l'Europe monarchique , si l'Europe monarchique surtout brise le sceptre
constitutionnel la gloire même ne soutient pas long-temps
l'arbitraire des baïonnettes. Nous le savons : on se réfugie dans
des espérances d'anarchie ; on pourra reconnoitre des républiques , mais en leur souhaitant intérieurement malheurs , trou-
bles et destructions. Ces lâches espérances d'une *politique* qui
ne sait rien vouloir ni rien oser, ne reposent pas même sur
l'expérience des faits L'anarchie des nouvelles républiques ne
seroit pas moins funeste aux monarchies que l'ordre même de
ces républiques. L'anarchie de la France populaire pendant
cinq années a-t-elle empêché cette France de troubler l'Europe ?
Et après les exemples de nos agitations révolutionnaires, le
monde a-t-il été guéri des idées démocratiques ? Les Etats-Unis
n'ont-ils pas continué de nourrir partout ces idées? et l'Amérique presque entière ne vient-elle pas de devenir républicaine ?

» N'espérons pas non plus que des mœurs qui seroient devenues facilement monarchiques constitutionnelles , si on l'avoit
voulu , refusent de se plier à des institutions populaires dans
une république représentative. Cette sorte de république res-
semble de bien près à la monarchie : elle souffle, comme elle,
les grands propriétaires , les grandes corporations , même religieuses , le luxe , le commerce , l'élégance et la politesse de
la vie.

» Il y a deux espèces de liberté . l'une qui appartient à la
jeunesse des peuples, l'autre qui peut être le fruit de leur vieil-
lesse ; l'une es une vertu d'innocence, une sorte d'instinct de
l'ordre religieux ; l'autre est une vertu de philosophie , une
connoissance avante qui résulte de l'ordre intellectuel ; celle-là
se confond dans le cœur avec l'amour exclusif de la patrie . des
habitudes simples lui servent de compagnes ; celle-ci s'associe
dans l'esprit avec la bienveillance pour tous les hommes : elle
jouit des arts de la civilisation ; on arrive à la première par les
mœurs, à la seconde par les lumières. Ce furent ces deux es-

pèces de liberté qui inspirèrent à Fabricius et à Tacite une
égale haine des tyrans.

» Qu'on cesse donc de s'en reposer, pour la sûreté monarchique de l'Europe, sur les heureux malheurs qui pourroient affliger les républiques améiicaines : les laimes de ces républiques,
pas plus que leurs prospérités, ne feroient notre joie. Ne pouvant désormais rien empêcher, le seul paiti qui reste à prendre,
c'est de combattre, autant que possible, les conséquences de
nos œuvres.

» Nous devons d'abord sûreté à nos compatriotes d'outre-
mer : il n'y a qu'un moyen efficace de les mettre à l'abri, c'est
de donner graduellement la liberté aux nègres de la Martinique
et de la Guadeloupe. Il ne faut pas que la révolte soit mieux
traitée que la fidélité ; il est de meilleurs titres à l'indépendance
que des massacres, des spoliations et des incendies. Quoi qu'il
arrive désormais, l'émancipation de Saint-Domingue a fini le
système colonial, et c'est de cette vérité qu'il faut partir.

» Ce n'est pas pour les ministres que nous parlons en agitant
ces questions importantes, mais pour le trône légitime, pour
la France, pour l'Europe monarchique. Les ministres nous en-
tendroient-ils ? Ont-ils su ce qu'ils faisoient ? Uniquement occupés de leur existence, la baisse d'un centime à la Bourse leur
paroit bien plus importante que la création de tout un monde
républicain.

» On trouvera peut-être que des matières aussi graves méi-
teroient d'être traitées dans des feuilles moins fugitives que
celles d'un jouinal ; on se tiompe dans le temps où nous vi-
vons ; on lit peu les livres et beaucoup les ouvrages périodiques
qui suffisent au besoin du jour. Les pensées se communiquent
plus vite par ce moyen que par tout autre écrit. Les écrivains
seuls ne recueillent aucun fruit de leur travail, et ils peuvent
dépenser, inutilement pour eux, beaucoup de temps et de
talent dans ces combats sans nom et sans gloire ; mais il ne
s'agit pas des écrivains, et ils doivent immoler leur amour-
propre au profit de la société. On se souviendra long-temps des

services qu'a rendus *le Conservateur*, et il en reste encore de plus grands à rendre.

« Mais quelles sont nos raisons particulières pour tirer l'Opposition de son champ de bataille habituel, la Bourse, le syndicat, l'indemnité, et pour la porter dans des régions si élevées?

« Apparemment que nous espérons effrayer les ministres de ce qu'ils ont fait, les amener à quitter leurs places?

« Nous connoîtrions bien mal les hommes, si nous nourrissions une pareille espérance. En général, qui effraie-t-on, et surtout en France, par des prédictions dont l'accomplissement peut n'être pas immédiat? « Quoi! nous pourrions être répu- » blicains un jour! radotage! Qui est-ce qui rêve aujourd'hui » la république? Seroit-elle possible parmi nous? Ne nous dis- » puterions-nous pas des places électives? Dans notre amour- » propre français, quel individu ne troubleroit l'Etat pour » arriver à la présidence? La France peut-elle jamais devenir » un Etat fédératif? Le monde est las des révolutions, on n'en » veut plus; et si par hasard quelques fous s'avisoient de trou- » bler le repos public, on sauroit y mettre bon ordre. Et enfin, » les choses arrivent-elles jamais comme on les prévoit? Que » d'événemens peuvent déranger tous vos calculs? Les républi- » ques nouvelles ne peuvent elles se déchirer? etc. »

« Voilà ce que nous opposeront le rétrécissement de l'esprit, l'imprévoyance de la légèreté et la pusillanimité de caractère qui fait qu'on ferme les yeux de crainte d'avoir peur; voilà l'oreiller sur lequel on se rendormira jusqu'au moment du ré- veil. Peut-être se dira-t-on de plus, intérieurement : « Qu'im- » porte d'ailleurs? Je n'y serai plus. »

« Si nous sommes convaincus que cette grande et haute Opposition paroîtra fort indifférente au ministère, elle nous est donc suggérée par quelque autre raison *personnelle*; car il est clair qu'on n'est dans l'Opposition que par *intérêt*? Nous aurions apparemment été saisis d'une frayeur subite de la répu- blique; l'ombre sanglante de la Convention nous sera apparue;

nous nous serons vus proscrits de nouveau, et dans notre terreur panique, nous aurons cru devoir sonner l'alarme.

» Vous vous trompez encore : et pour donner plus de poids
aux vérités que nous avons énoncées, pour montrer combien
elles procèdent de notre amour très-désintéressé de la monarchie légitime, nous allons faire notre profession de foi.

» Attachés à la Famille royale par amour, fidélité, devoir,
honneur, nous avons eu le bonheur de lui rendre quelques services, et nous sommes toujours prêts, s'il étoit nécessaire, à
faire pour elle des sacrifices que ne feroient pas ceux dont les
systèmes sont aujourd'hui écoutés. Partout où sera la couronne,
là nous serons : nous vivrons et nous mourrons pour sa cause
sacrée.

» Attachés à l'ordre monarchique par raison, nous regardons
la monarchie constitutionnelle comme le meilleur gouvernement
possible à cette époque de la société.

» Mais si l'on veut tout réduire aux intérêts *personnels*, si
l'on suppose que pour nous-mêmes, nous croirions avoir tout
à craindre dans un Etat républicain, on est dans l'erreur.

» Nous traiteroit-il plus mal que ne nous a traités la monarchie ? Deux ou trois fois dépouillés pour elle et par elle, l'Empire qui auroit tout fait pour nous si nous l'avions voulu, nous
a-t-il lui-même plus rudement reniés ? Nous avons horreur de
la servitude ; la liberté plaît à notre indépendance naturelle
nous préférons cette liberté dans l'ordre monarchique, mais
nous la concevons dans l'ordre populaire. Qui a moins à craindre de l'avenir que nous ? Nous avons ce qu'aucune révolution
ne peut nous ravir . sans place, sans honneurs, sans fortune,
tout gouvernement qui ne seroit pas assez stupide pour dédaigner l'opinion, seroit obligé de nous compter pour quelque
chose. Les gouvernemens populaires surtout, se composent des
existences individuelles, et se font une valeur générale des va-
leurs particulières de chaque citoyen. Nous serons toujours
sûrs de l'estime publique, parce que nous ne ferons jamais rien
pour la perdre, et nous trouverions peut-être plus de justice

parmi nos ennemis que chez nos prétendus amis. Le temps des ingratitudes républicaines est passé, parce qu'on a reconnu que l'ingratitude est stérile, et en dernier résultat funeste.

» Ainsi, de compte fait, nous serions sans frayeur des républiques, comme sans antipathie contre leur liberté : nous ne sommes pas rois, nous n'attendons point de couronne ; ce n'est pas notre cause que nous plaidons : mais nous aimons à le répéter : notre dévouement à la légitimité est sans bornes, comme sans intérêt personnel. Nous mourrons dans les doctrines les plus sincères du royalisme ; royalisme d'autant plus assuré qu'il est dépouillé pour nous de toute illusion, qu'il n'est point fondé sur un penchant servile, et qu'il vient du choix réfléchi d'un esprit sans préjugés politiques. Eh bien, c'est dans les intérêts de l'ordre monarchique, légitime et constitutionnel que nous résumerons en quelques lignes cet article.

» La lutte du ministère actuel contre l'opinion est la lutte de l'intérêt matériel de quelques hommes contre l'intelligence humaine : c'est un compte à régler entre le nombre des suffrages et le nombre des idées, une balance à établir entre l'orgueil de l'ignorance et les lumières de l'esprit. On a essayé de former au milieu de la nation une minorité qui devint, par sa position, une majorité suffisante à l'existence des autorités du jour ; mais il est arrivé qu'en immolant tout à cette existence, d'ailleurs impossible, le mal que l'on a fait a dépassé le ministère. Il n'est plus question en réalité de ce ministère moralement anéanti, mais de la vie même de la monarchie.

» On a dit sous un autre ministère, et à propos de ce ministère. « Que les choses étoient conduites de sorte et si bien préparées » pour une révolution, que chacun pourroit un matin se mettre à la fenêtre pour voir passer la monarchie. »

» Nous disons aux ministres actuels. « En continuant de » marcher comme vous marchez, et de favoriser le système » républicain, toute la révolution pourroit se réduire, dans un » temps donné, à une nouvelle édition de la Charte, dans » laquelle on se contenteroit de changer seulement deux ou » trois mots »

(EXTRAIT du *Journal des Débats* du 29 octobre.)

« Il est loin de notre intention d'entrer en lice avec les che
valiers du ministère. Il y a tantôt une vingtaine d'années que
ces champions de l'arbitraire ministériel, depuis Fouché jusqu'aux espions de nos jours, nous insultent pour notre atta-
chement à des principes généreux. Les pauvres gens! si jamais
nous pouvions et voulions les payer, ils insulteroient demain,
en notre honneur et gloire, les hommes qui les nourrissent
aujourd'hui.

» Un seul raisonnement mérite néanmoins d'être relevé.

» Nous sommes républicains, parce que nous avertissons la
monarchie qu'on la mène à la république! Un homme s'avance
vers un abime qu'il ne voit pas : je le saisis par le bras, je
l'arrête au bord du gouffre, et il s'écrie que j'ai voulu l'y pre-
cipiter ! Admirable logique de la mauvaise foi et de l'ingratitude! Un journal indépendant royaliste a très-bien fait sentir
l'absurdité de ce raisonnement.

» Fidèles à la conduite que nous avons toujours tenue depuis
la restauration, nous avons cru devoir avertir la couronne des
dangers que tous les amis du monarque voyoient, et que personne n'osoit clairement signaler.

» Les hommes que l'opinion royaliste trompée a portés au
ministère, n'auront plus d'excuses à présent. Nous avons levé
le bandeau qui leur couvroit les yeux ; et s'ils ne peuvent éviter
l'écueil dont ils se sont trop approchés dans les ténèbres,
qu'ils abandonnent le gouvernail à des pilotes plus habiles.

» On n'a point détruit et l'on ne pouvoit pas détruire ce que
nous avons dit de l'influence que doivent avoir les républiques
américaines sur le monde monarchique européen. Nous aurions

pu entrer à ce sujet dans des considérations beaucoup plus
étendues. Quand il n'y auroit que les mines possédées par les
nouveaux Etats populaires, ce seul accident renferme pour eux
un principe extraordinaire de puissance. Ils ont dans leur sein
les sources de l'or ; avec de l'or on achète des vaisseaux, des
armes et des hommes. Il sera donc possible à ces républíques
d'avoir des soldats étrangers, à leur paye, en Europe même. Des
nègres pourront solder et commander des blancs, faire des
descentes sur les côtes de notre continent, pour se joindre à
leurs auxiliaires. Carthage n'envoyoit-elle pas des Ibériens et
des Gaulois en Italie ?

» Ces riches républiques américaines pourront encore appeler
à elles tous les talens de l'Europe, dans quelque genre que ce
soit, et les employer à leur usage. Elles se sont déjà servies
de lord Cochrane ; et toutes foibles, toutes naissantes qu'elles
sont, ne bloquent-elles pas, dans ce moment même, les ports
de la vieille Espagne ?

» La création des nouveaux peuples diminue aussi l'impor-
tance relative des anciens peuples.

» Autrefois, il n'y avoit dans le monde civilisé que l'Europe ;
dans cette Europe, il n'y avoit que cinq ou six grandes puissances, dont les colonies n'étoient que des appendices plus ou
moins utiles.

» Aujourd'hui il y a une Amérique indépendante et civilisée ;
dans cette Amérique il y a six grands Etats républicains, deux
ou trois plus petits, et une monarchie constitutionnelle. Ces
neuf ou dix nations, jetées tout à coup dans un des bassins de
la balance politique, rendent, comparativement, le poids des
monarchies européennes plus léger. Ce n'est plus une querelle entre la France, l'Autriche, la Prusse, la Russie et l'Angleterre qui fera le destin de la société chrétienne. Le diplomatie, le principe des traités de commerce et d'alliance, le droit
politique vont se recomposer sur des bases nouvelles. Les vieux
noms, les vieux souvenirs perdent aussi de leur autorité au
milieu des récentes générations, au milieu des jeunes espérances
d'un univers qui se forme dans d'autres idées.

» L'Angleterre souffrira moins que les puissances continen-
tales européennes de cette création nouvelle, en raison de sa
liberté, de son industrie, de son commerce et de ses diverses
possessions. Elle regarde des deux côtés les Amériques sur les
deux Océans ; elle compte dans l'Inde plus de 80 millions de
sujets ; elle étend ses colonies sur les côtes de l'Afrique, dont
elle est au moment de découvrir et de traverser l'intérieur,
comme elle explore les régions polaires. Le cinquième continent
se peuple par elle ; dans l'océan Pacifique elle a créé de petits
royaumes défendus par une marine, du canon et des forteresses ; elle les a créés sur ces mêmes rives habitées, il n'y a pas
encore cinquante ans, par les sauvages meurtriers du grand
navigateur qui le premier nous révéla leur existence.

» Que falloit-il faire pour ne pas être envahi en Europe par
la souveraineté du peuple, pour éviter la lutte entre des républiques dans la force de l'âge, et des monarchies affoiblies par
le temps et les révolutions ? Nous le répéterons jusqu'à satiété,
parce que la question étoit là tout entière : il falloit favoriser
autant que possible l'établissement des monarchies constitutionnelles en Amérique, et maintenir franchement celles qui
existent en Europe. Nous allons montrer par un grand exemple
la foiblesse de la monarchie absolue et la force de la monarchie
constitutionnelle.

» En 1701, Louis XIV, le puissant, le glorieux Louis XIV,
met son petit-fils sur le trône des Espagnes. Il est obligé de lui
fournir des soldats, des généraux et des ministres : Philippe V
n'avoit rien trouvé. Charles-Quint avoit renversé les institutions nationales au-delà des Pyrénées, et Philippe II en avoit
dispersé jusqu'aux débris

» La monarchie, devenue absolue, marche avec la nouvelle
dynastie, et s'enfonce de plus en plus dans l'abîme. Riche de
tous les trésors du Mexique et du Pérou, conservant encore des
possessions précieuses dans la mer des Indes et dans la mer Atlantique, l'Espagne tombe dans un état de pauvreté et de langueur
presque sans exemple. Les provinces d'outre-mer qui devoient
augmenter sa puissance lui deviennent un fardeau : après avoir

retrouvé un moment de gloire dans son combat contre le conquérant de l'Europe, comme la vie prête à s'éteindre jette une vive lumière, cette noble Espagne semble expirer aujourd'hui, dépouillée des superbes colonies qui deviennent des Etats indépendans.

» A peu près dans le temps où un fils de France alla régner à Madrid, un petit électeur de Hanovre fut appelé au trône de Londres : il y arrive sans appui et sans force extérieure, et soudain il devient un Roi puissant. Ses successeurs combattent avec avantage le pavillon de la France ; l'Angleterre perd ensuite des colonies importantes, mais elle est si loin d'être affoiblie par cette perte, qu'elle lutte corps à corps pendant vingt ans avec la révolution française, enrôle l'Europe entière sous ses drapeaux, triomphe et est chargée de garder sur un rocher celui qui avoit enchaîné le monde.

» Buonaparte est arrivé à la fin des monarchies absolues comme pour les continuer à force de gloire : l'arbitraire avoit enfanté par un dernier effort ce qu'il avoit de plus brillant pour arrêter les peuples sur la pente de la liberté. Buonaparte a succombé : qui oseroit essayer d'accomplir l'œuvre que n'a pu achever sa main formidable ?

» L'Angleterre a-t-elle été épuisée par ses efforts gigantesques ? Non. La voilà plus florissante que jamais, qui se rajeunit avec la société, prend la route nouvelle ouverte devant le genre humain, et se place pour ainsi dire, à la tête des nations que la Providence appelle sur la scène du monde.

» Qui a produit cette différence de destinée entre deux grands royaumes, lors de leur changement de dynastie et après ce changement ?

» Philippe V rencontra le despotisme en Espagne, et Georges Ier la liberté en Angleterre ; l'un trouva la monarchie absolue, l'autre la monarchie représentative.

» Nous l'avons, cette monarchie représentative ; nous l'avons, grâce à la généreuse race de nos Rois légitimes. Gardons précieusement ce don inappréciable de nos dignes souverains : loin de chercher à entraver les institutions qu'ils nous ont octroyées, loin d'en redouter les effets, favorisons le développement de ces institutions, promulguons les lois qui doivent en compléter l'édifice. Que cet édifice, nous l'avons déjà dit, ait la religion à sa base, la couronne à son sommet, et la liberté entre la religion et la couronne ; alors nous pourrons, comme l'Angleterre, échapper à l'influence de ce monde républicain, qu'une politique sans prudence a laissé créer devant nous. Jouissons dans la monarchie représentative de toutes les libertés raisonnables que pourroit nous offrir un système populaire ; et nos mœurs, notre caractère, nos habitudes, donneront la préférence à un ordre de choses qui nous assurera la prospérité de l'avenir, sans nous isoler de notre gloire historique, sans briser la chaîne des traditions, sans nous séparer du passé.

» Mais qu'on abandonne promptement la route que l'on suit ; qu'on ne s'endorme pas ; qu'on ne vienne pas se rassurer par l'horreur qu'inspirent les crimes de 1793 ! La révolution qui est partout, n'a plus cette couleur effrayante : son masque aujourd'hui est riant, et elle affecte l'air de la monarchie. Si l'on regardoit comme ennemis ceux qui nous dénoncent sa présence, nous pourrions la trouver un matin assise tranquillement dans le palais où on l'auroit laissée pénétrer.

» Enfin que notre Roi bien-aimé touche nos maux, et guérisse nos plaies avec ce sceptre bienfaisant à qui la France doit toutes ses libertés, depuis Louis-le-Gros jusqu'à Charles X. La légitimité et la monarchie constitutionnelle, voilà nos trésors : qu'ils ne soient pas dissipés par des mains qui n'en connoissent pas la valeur. »

FIN DES NOTES.

TABLE

DES CHAPITRES CONTENUS DANS CET OUVRAGE.

FIN DE LA TABLE DES CHAPITRES.

www.ingramcontent.com/pod-product-compliance
Lightning Source LLC
Chambersburg PA
CBHW061008280326
41935CB00009B/877